AF216249

Demosthenes, Eduard Schwartz

Demosthenes Erste Philippika

Demosthenes, Eduard Schwartz

Demosthenes Erste Philippika

ISBN/EAN: 9783743695801

Hergestellt in Europa, USA, Kanada, Australien, Japan

Cover: Foto ©ninafisch / pixelio.de

Weitere Bücher finden Sie auf **www.hansebooks.com**

DEMOSTHENES

ERSTE PHILIPPIKA

VON

E. SCHWARTZ

PROFESSOR IN GIESSEN

MARBURG

N. G. ELWERT'SCHE VERLAGSBUCHHANDLUNG

1894

Demosthenes erste Philippika

Makedonien, ein fast ganz städteloses Land, spärlich be-
wohnt von einem auf seinen Höfen sitzenden Adel und freien
Bauern, war, wenn es nicht in patriarchalischen Urzuständen
für alle Zeit verharren wollte, darauf angewiesen sich nach
Süden auszubreiten. Viel gefährlicher als die tumultuarischen
Einfälle der benachbarten Barbaren war die wirtschaftliche
Herrschaft der griechischen Seestaaten, die das Land als eine
mit merkantiler Rücksichtslosigkeit zu exploitirende Domäne
ansahen. An Stelle der Korinther und Chalkidier trat im 5. Jahrhundert Athen: Amphipolis im Osten und Potidaea auf der
Chalkidike hielten das Hinterland in Fesseln. Eine kräftige
Herrschaft erzeugt, weil sie Leben und Cultur bringt, einen
kräftigen Widerstand, und so beginnen mit der höchsten Höhe
der attischen Macht die Bestrebungen der Dynastie, der
Makedonien alles verdankt, ihr Land von den Fremden zu
emancipiren. Perdikkas suchte mit der Verschlagenheit des
Halbbarbaren aus den grossen Gegensätzen, welche das
hellenische Staatsleben zerrissen, für sich Vorteile heraus-
zuschlagen und half den Chalkidiern sich zu einem sepa-
ratistischen antiattischen Bunde zusammenzuschliessen, der ihm
trotz seiner Nähe weniger gefährlich dünkte als die energische,
in die Ferne strebende Königin des Meeres. Durch spartanische
Hülfe wurde Amphipolis frei und musste sehen wie es mit der
Rivalität Olynths, der drohenden Nachbarschaft der uncivili-
sirten Thraker und seinen eigenen Parteien fertig wurde [1].

---

1) Zur Zeit des Vertrags zwischen Olynth und Amyntas ist Amphipolis selbständig und Olynth feindlich [SIG 60]. Eine Neubesiedlung
durch Chalkidier veranlasste eine innere Revolution [Aristot. pol. *E* 3
p. 1303 b 2. 6 p. 1306 a 2]. Formell blieb es unabhängig und war nicht

Die schwere Bedrängniss und der schliessliche Zusammenbruch
des attischen Reiches liessen dem tüchtigen Usurpator Archelaos
freie Hand um seine Herrschaft einigermassen zu modernisiren
und sie einer hellenischen Tyrannis, die auch die geistige Cultur
zum Hebel ihrer Macht benutzt, ähnlich zu machen. Aber
seine Schöpfung brach mit seinem Tode zusammen und es
folgten wüste Zeiten, Streitigkeiten zwischen nominellen Königen,
Reichsverwesern und Praetendenten, und auch als ein legitimer
Argeade, Amyntas Arrhidaeos S., den Thron wieder in Besitz
nahm, war er weit davon entfernt faktisch die oberste Gewalt
in Händen zu haben; mehr als einmal gerieth er in die
grösste Gefahr das Diadem für immer zu verlieren und gewann
es wieder nur durch demüthiges Nachgeben und die Eifersucht
der griechischen Staaten, die sich das Monopol des Handels
mit dem an Rohstoffen reichen Lande nicht gönnten[1]). So
hatten die griechischen Städte Olynth Akanthos und Amphipolis reichlich Musse um sich in die Höhe zu arbeiten; am
meisten Erfolg hatte Olynth. Ein noch erhaltener Vertrag der
Olynthier mit Amyntas zeigt wie die Stadt merkantil wie
politisch den König ganz in die Hand bekommen wollte; und
wie sie die chalkidischen Städte zu einem straff centralisirten
Bunde unter ihrer Führung zu einigen versuchte, so war sie
auch kühn genug um die Städte Makedoniens an sich zu
reissen. Die chalkidische Opposition und Amyntas wurden
durch Spartas Intervention gerettet, die so energisch durch-
griff, dass noch 377, nach der Befreiung der Kadmea, olynthische Truppen für die spartanische Sache in Boeotien fochten[2]).
Das Sinken der spartanischen Macht kam weder Olynth noch
Amyntas zu Gute, sondern Iason von Pherae. Dieser merk-

Mitglied des chalkidischen Bundes, wie der Ausdruck in der Inschrift
CIA II 55 = SIG 80 [363/2, 6. Prytanie] τὸν πόλεμον τὸν πρὸς Χαλκι-
δέας καὶ πρὸς Ἀμφιπολίτας und Aeschin. 2, 27 beweisen; aber factisch
dominirte Olynth, denn Dem. 23, 150 ist in der Verbindung Ὀλυνϑίοις
τοῖς ὑμετέροις ἐχϑροῖς καὶ τοῖς ἔχουσιν Ἀμφίπολιν κατ᾽ ἐκεῖνον τον χρόνον
entweder mit Cobet καί oder das zweite τοῖς zu streichen. Über das
Verhältniss zu den Thrakern vgl. Schol. Aeschin. 2, 31.

1) Vgl. Diod. 14, 92, 3. Xen. HG 5, 2, 12 ff.
2) Xen. HG 5, 4, 54.

würdige Mann, der die Eigenschaften eines glänzenden grand
seigneur, wie sie im thessalischen Adel nicht selten waren,
und eines virtuosen Condottiere vereinigte, hatte als Tagos
aller Thessaler eine gewaltige Macht in der Hand, welche ihm
gestattete unter dem Deckmantel panhellenischer Pläne eine
persönliche Politik zu treiben, die im republikanischen Griechenland unerhört war, aber Epaminondas und Philipp in vielem
ein Muster gewesen ist und den Griechen zuerst wenn auch
nur das Zukunftsbild einer Herrschaft des bis dahin kaum mit-
zählenden Nordens gezeigt hat. Iason nannte Makedonien
schlankweg seinen Besitz[1]) und baute mit makedonischem
Holz eine Flotte, in der man sicher mit Recht das Mittel er-
blickte, welches das stärkste Hinderniss für jeden, der nach
der griechischen Herrschaft trachtete, Athen, wegräumen sollte:
zunächst war er allerdings gescheut genug um sich mit Athen
nicht direct zu schlecht zu stellen, zeitweilig hat er sich sogar
dem attischen Bund angeschlossen[2]). Kurz vor den Pythien
370 wurde er ermordet, und ungefähr zu gleicher Zeit starb
Amyntas[3]). Eine kurze Zeit, als dessen ältester Sohn Alexander,
der schon zu seinen Lebzeiten an der Regierung theilgenommen
hatte[4]), die nach Iasons Tode ausgebrochene Verwirrung
benutzte um Nordthessalien zu besetzen[5]), schien es so als
hätten sich die Dinge umgekehrt und sollten schon jetzt die
Makedonen die Herrscher, die Thessaler die Beherrschten sein.
Noch aber war Makedonien von dem Loos nicht befreit ein
Spielball der griechischen Mächte zu sein. Theben, oder
richtiger Epaminondas, der gerade die tödtlichen Schläge gegen
Sparta geführt und die thebanische Suprematie in der Peloponnes festgegründet hatte, griff auch hier ein. Pelopidas warf
die Makedonen aus Thessalien hinaus und übernahm an
Alexanders Stelle die Rolle des Befreiers von der pheraeischen

---

1) Xen. HG 6, 1, 11.
2) Fabricius [Rh. Mus. 46, 589 ff.] hat den ausradirten Namen Iasons
auf der Bundesurkunde erkannt. Seinen chronologischen Schlüssen ver-
mag ich nicht zu folgen.
3) Xen. HG 6, 4, 32. Diod. 15, 60, 3.
4) CIA II 15 b = SIG 61.
5) Diod. 15, 61.

Tyrannis; diesen selbst legte er dadurch lahm, dass er ihm
in dem Vasallen Ptolemaeos dem Aloriten, einem ergebenen
Anhänger Thebens, einen Rivalen schuf, der ihn bald bei Seite
räumte und sich zum Reichsverweser für den noch unmündigen
Bruder Alexanders, Perdikkas machte [368/7][1]). Die Thebaner
erfreuten sich indess nicht ungestört der Erfolge von Pelopidas
Siegen und Intriguen; der Kampf den Athen damals gegen
Theben führte, setzte sich in Makedonien fort. Athen war
schon in den ersten Jahren des gegen Sparta gegründeten Seebundes dazu gelangt die chalkidische Halbinsel und Makedonien
in seine politische Sphäre hineinzuziehen. Während Olynth
spartanisch gesinnt war, trat ein Teil der chalkidischen Städte
dem attischen Bunde bei, bezeichnender Weise im Namen der
gesammten Chalkidier[2]), woraus sich dann auch erklärt, weshalb die Athener in einem späteren Vertrage, dessen Zeit nur
ungefähr, die Veranlassung gar nicht bekannt ist, die olynthischen Chalkidier durch das Attribut 'die westlichen' als einen
Separatbund bezeichnen[3]), dem der legitime Collectivname im
vollen Sinne nicht zukommt. Ausser chalkidischen Städten
fielen ihnen die Dier vom Athos, die stets eine Sonderstellung
einnahmen, zu. Timotheos diplomatisches Genie gewann die
Freundschaft des Amyntas[4]) und ihm ist es wohl wesentlich
zuzuschreiben, wenn ein Bündniss zwischen Athen und Amyntas
zu Stande kam[5]). Es lag bei dieser Sachlage, und wo auch
die Städte an der thrakischen Küste in den Bund aufgenommen
waren, sehr nahe an die Rückeroberung der alten attischen
Domäne, deren Verlust einst so schmerzlich empfunden war,

---

1) Diod. 15, 67. 71. Plut. Pelop. 26. Iustin. 7, 5, 2.

2) Nur so können die [Χαλκι]δῆς ἀπὸ [Θράικης] in der Liste der
Bundesmitglieder [CIA II 17 = SIG 63] erklärt werden. Eine Stadt Chalkis
am Athos wird nicht einmal von Stephanos bezeugt und ist mit Recht
von Boeckh [Staatshaush. II³ 150] geleugnet.

3) CIA II 105 = SIG 96. Ich will eine neue Vermuthung nicht
wagen, sondern nur hervorheben dass sich ebenso gut wie Συμμαχία
auch Σπονδαί oder Σύμβολα ergänzen lässt. Um einer unsicher ergänzten,
im Einzelnen ganz dunklen Inschrift willen ein philochoreisches Zeugniss
zu verdächtigen, halte ich ebenso wie Dittenberger für unzulässig.

4) [Dem.] 49, 26.

5) CIA II 15b = SIG 61.

an die von Amphipolis zu denken. Das Interesse der Athener an dieser Besitzung war so gross dass sie in dem kallistratischen Frieden von 371, in dem sie so viel, ja im Grunde genommen die ganze Rechtsbasis des Seebundes preisgaben, sich den legitimen Anspruch auf Amphipolis ausdrücklich zuerkennen liessen ¹), und 368/7 Persien, das Pelopidas Rath folgend Amphipolis die Autonomie garantirt hatte, veranlassten diese Concession an die Thebaner zurückzunehmen ²). Bald nachher machten sie dann auch ernstliche Versuche den diplomatischen Erfolg durch die Eroberung der Stadt zu realisiren ³). Iphikrates, den sie dazu ausersehen hatten, war nur nicht der richtige Mann. Der schlaue, egoistische Landsknecht, der seinen Credit als Taktiker ⁴) um keinen Preis durch eine Niederlage schädigen wollte und den Krieg als ein Brettspiel ansah, das sich durch geschicktes Manövriren gewinnen lässt, war ein Meister im kleinen Krieg und wo es galt unvorsichtige Führer zu vexiren, aber nicht geeignet ein grosses Ziel kräftig anzustreben und zu erreichen. Auch als Diplomat war er unglücklich. Er befreite zwar die Wittwe Alexanders und den Reichsverweser Ptolemaeos von einem gefährlichen Praetendenten, konnte aber nicht hindern, dass Pelopidas von Thessalien her zum zweiten Mal einbrach und die Abhängigkeit des Reichsverwesers von Theben in vollem Umfange wiederherstellte ⁵). Auch die Ermordung des Ptolemaeos durch Perdikkas 365/4, im Jahre Chions ⁶), änderte nichts; der legitime König war erklärter Gegner Athens und unterstützte die Amphipoliten in ihrem Widerstande. Timotheos, der nach dreijährigem fruchtlosen Kriegführen an die Stelle des abgesetzten

---

1) Aeschin. 2, 32. Dem. 19, 253. Hegesipp. 29.

2) Dem. 19, 137.

3) Aeschin. 2, 27.

4) Es ist sehr charakteristisch, dass er seinen Sohn Menestheus nannte, nach dem homerischen Heerführer der Athener, τῶι οὔπω τις ὁμοῖος ἐπιχθόνιος γένετ' ἀνὴρ κοσμῆσαι ἵππους τε καὶ ἀνέρας ἀσπιδιώτας [B 553]. Der echte Condottiere ist stets mehr Taktiker als Stratege.

5) Aeschin. 2, 28 ff. Plut. Pelop. 27, dessen auf Kallisthenes zurückgehende Darstellung sehr thebanisch gefärbt ist.

6) Diod. 15, 71, 1. 77, 5. Schol. Aesch. 2, 29.

Nebenbuhlers trat[1]), erreichte allerdings insofern erheblich mehr, als er Perdikkas wieder für Athen gewann[2]), die Bundesgenossen der Amphipoliten, die Olynthier demüthigte und Potidaea und Torone zu attischen Besitzungen machte[3]); die Erweiterung des Seebundes war seit 374 aufgegeben und machte seit Timotheos Erfolgen am Hellespont einer entschiedenen Eroberungspolitik Platz. 362/1 gingen attische Kleruchen nach Potidaea[4]) und später, jedenfalls nachdem Timotheos abberufen war[5]), wurden am westlichen Ufer des thermaeischen Meerbusens Pydna und Methone attisch. Aber Amphipolis widerstand hartnäckig, die Bürger begaben sich allerdings zeitweilig unter die Botmässigkeit der Thraker um der attischen Herrschaft zu widerstehen. So wurde Timotheos Unterfeldherr Alkimachos geschlagen[6]). Kallisthenes, der Stratege von 362/1, errang zwar einen Erfolg über Perdikkas, der, möglicherweise in Folge von Timotheos Abberufung, wiederum die Partei der Amphipoliten ergriffen hatte, wurde aber ein Opfer der attischen Parteistreitigkeiten, die gerade damals, zur Zeit des Sturzes des Kallistratos, in einer Weise tobten, dass jede consequente auswärtige Politik zur Unmöglichkeit wurde; unter dem Vorwande, einen für Perdikkas zu günstigen

---

1) Dem. 23, 149. Die drei Strategien des Iphikrates gehören in die Jahre 367/6, 366/5, 365/4; während der letzten ist er abgesetzt. Seine erste Ankunft in Makedonien und die von Aeschin. 2, 27 ff. erzählten Ereignisse gehören in das Ende des Jahres 368/7.

2) Polyaen. 3, 10, 14 = 4, 10, 2 = [Aristot.] oecon. B 2, 23 p. 1350 a 23. Dem. 2, 14.

3) Isokrat. 15, 108. 113. Diod. 15, 81, 6 aus der chronologischen Quelle, die das Jahr auf 364/3 bestimmt. Nep. Timoth. 1, 2. Polyaen. 3, 10, 15.

4) CIA II 57 = SIG 82.

5) Timotheos erhielt das thrakische und hellespontische Commando zusammen am Ende von 365/4 [s. o.]. Er ist noch Stratege in der 6. Prytanie des Jahres des Charikleides [CIA II 55 = SIG 80], Anfang 362. Deinarchs [1, 14 = 3, 17] Nachricht, dass er auch Pydna und Methone erobert hätte, wird durch Isokrates und Diodor widerlegt. Ende 361 war Methone noch nicht attisch; sonst hätte der verbannte Kallistratos sich dort nicht aufgehalten [Dem. 50, 46 ff.]. Hat etwa erst Argaeos 359 die Städte den Athenern als Lohn für ihre Unterstützung ausgeliefert [vgl. Diodor 16, 3, 5]?

6) Schol. Aeschin. 2, 31.

Waffenstillstand abgeschlossen zu haben, wurde er entsetzt, angeklagt und hingerichtet [1]). Noch einmal, 360 59, übernahm Timotheos das Commando und wurde von den Amphipoliten geschlagen [2]). Damit versiegen die Nachrichten, doch scheint es so als hätten die Athener kein neues Heer hingeschickt.

360/59, im Jahr des Kallimedes, fiel Perdikkas gegen die Illyrier [3]). Für seinen unmündigen Sohn Amyntas übernahm dessen Oheim Philipp, der jüngste Sohn des Königs Amyntas, als Reichsverweser die Regierung; seine Stellung glich ganz der des Pausanias in Sparta und der fränkischen Hausmeier unter den letzten Merowingern. Der Adel und der Heerbann der freien Makedonen sanctionirten nur ein factisch längst bestehendes Verhältniss, als sie, wahrscheinlich erst lange Jahre nachher, den Reichsverweser zum König ausriefen [4]). Philipp erneuerte das Werk des Archelaos in grossem Masstab: er machte aus dem patriarchalischen Königthum eine moderne Monarchie. Er lebte in der Zeit, in welcher ein weltbürgerlicher, rationalistischer Individualismus, die steigende Abneigung der Besten ihre Kräfte in dem republikanischen Getriebe nutzlos aufzureiben, die virtuose Ausbildung der Kriegskunst und alles des was dazu gehört zur Alleinherrschaft drängte; die zahlreichen Fürstenthümer, die an der Peripherie der griechischen Cultur, wo nicht wie im Centrum glorreiche republikanische Traditionen die alten Formen conservirten, eins nach dem anderen mit wechselndem Erfolg sich erhoben, Persönlichkeiten wie Dionys I., Iason, Klearch, im Grunde auch

1) Aeschin. 2, 30 ff. Die Gerichtsverhandlung gehört in den Herbst 362, wie Dem. 23, 104 vgl. mit Aristot. rhet. *B* 3 p. 1380 b 12 und [Dem.] 50, 4 f. ergiebt.

2) Schol. Aesch. 2, 31.

3) Schol. Aesch. 3, 51. Die Regierungsjahre Philipps werden danach mit attischen Archontenjahren geglichen, das 13. dem des Theophilos 348/7 [Diog. 3, 40 vgl. mit 5, 9. Dionys. 1 ep. ad Amm. 5 p. 728, 4. Athen. 5, 217 b], das 18. dem des Pythodotos 343/2 [Schol. Aesch. 3, 83], das 19. dem des Sosigenes 342/1 [Schol. Aesch. 3, 85, denn das steckt in ἄρχοντοσ ωσιππου], das 20. dem das Nikomachos 341/0 [Schol. Aesch. 3, 105]. Philipp wurde ermordet im Anfang des Jahres des Pythodotos [Arr. 1, 1, 1. 7, 28, 1], Juli 336, nach zurückgelegtem 24. Regierungsjahr [Diod. 16, 92].

4) UKöhler, Hermes 24, 640 ff.

Epaminondas bewiesen, dass das, was Alkibiades und Lysander im 5. Jahrhundert vergeblich wollten, im 4. Jahrhundert und ausserhalb Athens und Spartas sehr wohl möglich war. Wenn Philipp neue Städte baute, Ingenieure heranzog, welche ihm die Mauern der alten schneller brechen halfen, als man es bis dahin gekonnt hatte, wenn er mit den Theilfürstenthümern der Lynkesten und Elimioten aufräumte, dem trotzigen und gefährlichen makedonischen Adel der 'Gefährten' einen neuen, den der 'Freunde', die als Nichtmakedonen alles der Gunst des Königs verdankten, zur Seite stellte, wenn er danach trachtete, die mächtige Akademie für sich zu interessiren und sich durch elegant geschriebene Depeschen, durch Redner, die es mit den attischen aufnahmen, als hellenische Grossmacht zu legitimiren, so sind das alles Dinge, die ein hellenischer Dynast der damaligen Zeit auch thun konnte und gethan hat. Aber der Unterschied war der dass Philipp eine nationale Monarchie die seine nannte, die nicht mit seiner Person stand und fiel: er brauchte nicht seine beste Kraft auf eine raffinirte Sicherung seiner Stellung gegen innere Angriffe zu richten und unterschied sich von den griechischen Dynasten wie Ludwig XI. von den Viscontis und Sforzas. Solche Offiziere, wie sie ihm sein Adel, ein solches Heer, wie seine Bauern es ihm lieferten, gab es in Griechenland nicht. Nur konnte die schlummernde Kraft nicht eher zur Entwicklung gelangen, als Makedonien den Makedonen gehörte. Der Zustand musste aufhören, dass die Suprematie über das zurückgebliebene Bergland eine Kraftprobe für jede nach ganzer oder partieller Hegemonie strebende griechische Macht war, vor allem musste die das Land wirtschaftlich aussaugende Uebermacht der Seemächte gebrochen werden, und da Hammer sein muss wer nicht Ambos werden will, blieb Philipp, wenn er überhaupt seinen Herrscherberuf erfüllen wollte, gar nichts anderes übrig, als die Küsten seines Landes den Griechen, sie mochten sein, welche sie wollten, zu entreissen [1]).

---

1) Vgl. die Worte seines Gegners, Dem. 4, 5 εἰ τοίνυν ὁ Φίλιππος τότε ταύτην ἔσχε τὴν γνώμην ὡς χαλεπὸν πολεμεῖν ἐστιν Ἀθηναίοις ἔχουσι τοσαῦτ' ἐπιτειχίσματα τῆς αὑτοῦ χώρας ἔρημον ὄντα συμμάχων, οὐδὲν ἂν ὧν νῦν πεποίηκεν, ἔπραξεν οὐδὲ τοσαύτην ἐκτήσατο δύναμιν.

Die Zahl der Gegner, mit denen er zu rechnen hatte, war im Vergleich zu der Zeit, in welcher sein Vater Amyntas und seine älteren Brüder mehr zu regieren versuchten als wirklich regierten, sehr zusammengeschwunden. Sparta verblutete sich in dem fruchtlosen Anrennen gegen die von Epaminondas ihm gesetzten Bollwerke von Messene und Megalopolis; Theben war nach Epaminondas, Thessalien nach Iasons Tode nur ein Leib ohne Seele. So blieb von den hellenischen Grossmächten allein Athen übrig [1]). Olynth und Amphipolis waren in ihrer Vereinzelung zu wirklichem Leben nicht mehr fähig, konnten aber, ernstlich bedroht, sich Athen in die Arme werfen und dann recht gefährlich werden. Es kam alles darauf an die Gegner zu theilen, und Philipp löste die Aufgabe meisterhaft. Allerdings wurde sie ihm dadurch erleichtert, dass die attische Demokratie dem Loos der Demokratien die auswärtige Politik zur Parteisache zu machen, alles andere als entgangen war. Er kam den Athenern auf das freundlichste entgegen, obgleich sie mit einem Heer den Praetendenten Argaeos, auch Agelaos oder Pausanias genannt, den Halbbruder Philipps, unterstützten, weil dieser ihnen seine Hülfe bei der Eroberung von Amphipolis versprochen hatte [2]), und sandte alle Athener, die er bei einem Sieg über den Praetendenten gefangen genommen hatte, ohne Lösegeld, ja mit Ersatz ihrer verloren gegangenen Habe zurück; zugleich gab er in einem officiellen Schreiben dem Wunsche Ausdruck, das Bündniss das sein Vater Amyntas mit Athen geschlossen hatte, zu erneuern. So stand Athen von allen weiteren Feindseligkeiten ab und verhandelte über den Frieden, ohne die Hoffnung auf Amphipolis fahren zu lassen; der

---

1) Dem. 3, 27 ὅσης ἅπαντες ὁρᾶτ' ἐρημίας ἐπειλημμένοι καὶ Λακε-δαιμονίων μὲν ἀπολωλότων, Θηβαίων δ' ἀσχόλων ὄντων, τῶν δ' ἄλλων οὐδενὸς ὄντος ἀξιόχρεω περὶ τῶν πρωτείων ἡμῖν ἀντιτάξασθαι, ἐξὸν δ' ἡμῖν καὶ τὰ ἡμέτερ' αὐτῶν ἀσφαλῶς ἔχειν καὶ τὰ τῶν ἄλλων δίκαια βραβεύειν ......

2) Diod. 16, 2, 6 ff. Schol. Dem. 23, 121 bei Harp. s. u. Ἀργαῖος: ... περὶ τούτου καὶ Θεόπομπος ἐν τῶι ᾱ τῶν Φιλιππικῶν [frg. 32] λέγει 'τὸν Ἀγέλαον καλοῦσι καὶ Ἀργαῖον καὶ Πανσανίαν'. Er wird mit dem von Justin 7, 4, 5 erwähnten Archelaos, dem Sohn des Amyntas und der Gygaea identisch sein; gegen die Überlieferung nimmt Schaefer [Demosthenes II² 17] drei Praetendenten an.

attische Demos lebte nur zu sehr in dem Wahn dass es für
jeden eine Ehre sein müsse für ihn die Kastanien aus dem
Feuer zu holen. Philipp erklärte sich auch bereit Amphipolis
für Athen zu erobern, wenn er dafür Pydna erhielte, das alt-
makedonischer Besitz war [1]), Die attischen Gesandten gingen
auf den Tausch ein, der nicht mehr als billig erschien, da
Philipp ja Sieger geblieben war, sollen aber doch nicht gewagt
haben den Vertrag der Ekklesie zur Ratification vorzulegen.
Jedenfalls hatte Philipp die Athener in völlige Sicherheit ge-
wiegt und es dahin gebracht, dass Olynth ihnen ohne Erfolg
ein Bündniss anbot. Ja noch mehr: die Amphipoliten, sei
es aus Furcht vor den Fortschritten Philipps, sei es in
Folge einer Revolution, forderten 357 die Athener auf eine
Expedition zu schicken und die Stadt zu besetzen: man
ging nicht darauf ein, und als es wirklich zur Belagerung
kam, schenkte man Philipps Versicherung, dass er nur für
Athen die Stadt berenne, völligen Glauben. 357/6 fiel Amphipolis.
Philipp gab es nicht heraus, woran er auch nie gedacht hatte:
den Rechtsgrund fand er leicht, da er von den Athenern
Pydna nicht erhielt, sei es weil sie die Pydnaeer nicht zwingen
konnten, sei es weil der Demos den geheimen Tauschvertrag
nicht anerkannte [2]). Das Ende vom Lied war, dass Philipp

---

1) Pydna war im 5. Jahrhundert makedonisch. vgl. Thukyd. 1, 61, 2.
137, 1. Unter Archelaos fiel die Stadt ab, wurde aber bezwungen und
eine halbe Meile ins Binnenland verlegt [Diod. 13, 49, 1].

2) Ich habe versucht, mich in der Erzählung so viel als möglich an
die Überlieferung zu halten. Leider ist der einzige zusammenhängende
Bericht bei Diodor [16, 3, 3. 4, 1. 8, 2] ganz unzuverlässig. Er ist vom
makedonischen Standpunkt aus abgefasst; danach gehörte Amphipolis
Philipp und erhielt von ihm den Athenern zu Gefallen die Autonomie,
eine Fälschung, die Philipps eigener Brief [21] am besten widerlegt, von
der Inschrift CIA II 55 = SIG 80 ganz abgesehen. Charakteristisch ist
ferner, dass die Amphipoliten Philipp viele Anlässe zum Krieg gegeben
haben sollen. Ich kann den Autor des Panegyrikos auf Philipp — denn
das ist in Wahrheit das ganze 16. Buch — nicht bestimmen und will
nur darauf aufmerksam machen, dass er schon die Demosthenischen Reden
benutzt, wie c. 84 den berühmten Passus der Kranzrede. Er kann nicht
obscur gewesen sein, denn auch Polyaen [4, 1, 17] kennt die Nachricht
dass Philipp Amphipolis die Freiheit verliehen hätte. So sind wir auf
die gelegentlichen Anspielungen bei Demosthenes [1, 8. 2, 6. 23, 116. 121],

auch Pydna eroberte und zu einer makedonischen Stadt machte, während er Amphipolis nominell die Autonomie beliess und sich damit begnügte, die Führer der attisch gesinnten Partei ächten zu lassen und eine Garnison in die Stadt zu legen [1]). Die Amphipoliten, d. h. die makedonische Partei, dankten Philipp für seinen Sieg mit göttlicher Verehrung [2]).

Der Gewinn von Amphipolis wäre ein unvollständiger Erfolg gewesen ohne die Goldbergwerke des Pangaeon und die fruchtbare Ebene sowie die Schiffswerften von Datos [3]). Philipp befreite das Städtchen Krenides von den Odrysen und machte der thasischen, durch den verbannten Kallistratos betriebenen Neugründung von Datos [4]) ein Ende; an deren Stelle erhob sich eine neue Stadt Philippi, die ganze Gegend beherrschend und sichernd. [5]) So hatte Philipp Bergwerke, die ihm das Gold für seine Münze lieferten [6]), und die Küste gewonnen, von der seine eigenen Schiffe auslaufen konnten. [7])

Hegesipp [27] und im Briefe Philipps [21] angewiesen, ferner auf die wichtigen Fragmente Theopomps bei Harpokration [47. 55] und [189] in den Scholien zu Dem. 2,16, die in bester Fassung in dem Artikel bei Phot. Suid. τί ἐστι τὸ ἐν τοῖς Δημοσθένους Φιλιππικοῖς ‘καὶ τὸ θρυλούμενον τότε ἀπόρρητον ἐκεῖνο’ erhalten sind. In dem letztgenannten und wichtigsten über den geheimen Tauschvertrag ist leider die Buchzahl verschrieben [λα]; ich nehme die Änderung in ᾱ an, obgleich auch ϑ nicht ausgeschlossen ist. Chronologisch steht nur soviel fest, dass die Gesandtschaft der Amphipoliten, welche von Theopomp im dritten Buch erzählt war, ins Jahr 357 und zwar in die zweite Hälfte, das Jahr des Agathokles gehört [vgl. CIA II 64 = SIG 86 mit Dem. 1, 8] und Amphipolis in demselben attischen Jahr erobert ist [vgl. CIA II 66 b = SIG 89]. Theopomp erzählte die Eroberung im vierten Buch.

1) Bechtel, Inschr. d. ion. Dial. 10. Die Garnison ist nicht überliefert, versteht sich aber von selbst.

2) Aristid. 38 p. 480, 12 Jebb.

3) Strab. 7, 331 frg. 16. Harp. Δάτος.

4) Isokrat. 8, 24. Skyl. 67. Zenob. 4, 34.

5) Diod. 16, 8, 6. Strab. 7, 331 frg. 34. 41. 43. Steph. Κρηνίδες. Φίλιπποι. Appian. BC 4, 105. Die Inschrift SIG 89 beweist dass die Anordnung der Ereignisse bei Diodor nicht richtig ist.

6) Asklepiodot bei Sen. NQ 6, 15.

7) Arrian. anab. 7, 9, 3 τῶν ἐπὶ θαλάττηι χωρίων τὰ ἐπικαιρότατα καταλαβόμενος τὴν ἐμπορίαν τῆι χώραι ἀνεπέτασε καὶ τῶν μετάλλων τὴν ἐργασίαν ἀδεῆ παρέσχε.

Die attische Politik wusste sich in die neue Gestaltung
der Dinge nicht zu finden und folgte, wie es bei Demokratien
zu gehen pflegt, nicht der Vernunft, sondern der Leidenschaft.
Statt so schnell wie möglich mit Philipp Frieden zu schliessen
und auf Amphipolis, das man doch nicht hatte erobern können,
zu verzichten, wollte der Demos den makedonischen Parvenu
züchtigen [1]), und Chares, der Held der Radicalen, brachte auch
wirklich 356, im Anfang des Jahres des Elpines, ein Bündniss
zu Stande mit dem odrysischen Theilkönig Ketriporis, der über
den Verlust von Krenides grollte, und den Häuptlingen der
Illyrier und Paeonen. [2]) Aber Athen selbst hatte mit den
aufständischen Bundesgenossen alle Hände voll zu thun und
die barbarischen Alliirten leisteten nicht was sie sollten, sondern wurden einer nach dem anderen von Philipp und seinen
Generalen geschlagen [3]). Am übelsten war das Gegenbündniss,
das Philipp mit Olynth schloss und durch welches er die
Athener aus der Chalkidike vertrieb. Zwar zahlte er als Preis
die Abtretung von Anthemus und des von ihm selbst eroberten
Potidaea [4]), dessen attischen Kleruchen er getreu seinem Ver-
sprechen sie zu schützen freien Abzug gewährte [5]), und gab
den Olynthiern freie Hand die chalkidischen Städte, welche sie
dem attischen Bunde oder den Athenern selbst abgenommen [6]),
zu einem olynthischen Einheitsstaat zusammenzugliedern [7]),
aber dafür wurde er den attischen Einfluss und Handel völlig
los und brachte in Olynth eine ihm ganz ergebene Partei zur
Herrschaft, so dass er zunächst wenigstens indirect die wichtige

---

1) Dem. 4, 43 ὁρῶν τὴν μὲν ἀρχὴν τοῦ πολέμου γεγενημένην περὶ
τοῦ τιμωρήσασθαι Φίλιππον, τὴν δὲ τελευτὴν οὖσαν ἤδη ὑπὲρ τοῦ μὴ
παθεῖν κακῶς ὑπὸ Φιλίππου.

2) CIA II 66b = SIG 89. Diod. 16, 22, 3 lässt die Athener weg,
giebt aber die Zeit richtig an.

3) Iustin. 12, 16, 6. Plut. Alex. 3. [consol. ad Apollon.] 6, 105a.

4) Dem. 23, 107. 2, 7. 14. 6, 20. 8, 62. 65. Diod. 16, 8, 3 ff. Suid.
Κάρανος.

5) Hegesipp. 10. Diod. 16, 8, 5.

6) Dem. 23, 108.

7) Dem. 19, 263 οὔπω Χαλκιδέων πάντων εἰς ἓν συνῳκισμένων, zur
Zeit des Krieges mit Sparta. Dagegen heisst es von der Zeit des Bündnisses mit Philipp 266 πάντας τοὺς περιχώρους ἔχοντες συμμάχους.

Halbinsel in die Hand bekam. Den Schluss bildete die Eroberung von Methone, das den Weg von Pella nach Pydna sperrte, 354/3 [1]). Athen hatte in Makedonien nichts mehr zu sagen, makedonische Stapelplätze zogen den Handel an sich und die makedonischen Trieren erschienen an der thrakischen Küste; Abdera und Maronea wurden von Philipp besetzt, als er den thebanischen Söldnern, die Pammenes Artabazos zuführte, den Durchzug durch sein Gebiet nur unter der Bedingung gestattete, dass sie ihn bei einem Einfall in das Gebiet des Ketriporis unterstützten [2]).

Noch immer bestanden die Athener darauf sich für die vereitelte Hoffnung auf Amphipolis zu rächen, thaten aber nichts um die Rache auch auszuführen, sondern liessen den Krieg versumpfen. Philipp hütete sich zunächst, nachdem er sie aus Makedonien vertrieben hatte, sie direkt anzugreifen, um nicht unbequeme Coalitionen herbeizuführen, sondern suchte seinerseits festen Fuss in den Nachbarstaaten, in Thessalien und Thrakien zu fassen. Die Endziele waren natürlich der freie ·Durchmarsch durch die Thermopylen und die Chersones. Nur ein schneller Friedensschluss, ein Bündniss mit Philipp und energische Anstrengungen die eigene Macht so zu consolidiren, dass man den gefährlichen Bundesgenossen zur Achtung und Rücksicht zwang, hätten Athen retten können: aber eine solche Politik war unmöglich bei einer Volksversammlung, die jedem radicalen Redner zur Beute wurde, und bei der Stimmung der Besitzenden, die erbittert über die Opfer, welche ihnen der Demos zumuthete, und wohl wissend dass jeder auswärtige

---

1) Diod. 16, 31 aus der chronologischen Quelle. Das von Aristophon Ende 355 beantragte Ehrendecret für den Apolloniaten Lachares, ὅτι πρόθυμος ἦν τῶ[ι στρατηγῶι] ὑπηρετεῖν καὶ ἔπεμψε[ν τὸν παῖδα τ]ὸν ἑαυτοῦ εἰς Μεθώνην, hängt wohl mit der Belagerung durch Philipp zusammen. Übrigens vgl. Diod. 16, 34, 4 ff. Harp. Μεθώνη. Iustin. 7, 6, 13 ff. Strab. 7, 330 frg. 22. 8, 374. 9, 436. Polyaen. 4, 2, 15. Dem. 4, 35. 9, 25.

2) Diod. 16, 34, 2. Polyaen. 4, 2, 22. Dem. 23, 183. Das Einzelne ist ganz unsicher, die Zeit weiss ich nicht genau zu bestimmen. Chares Sieg über Philipps General Adaeos den Hahn ist undatirbar [Athen. 12, 532 d. Zenob. 6, 34].

Erfolg die Demokratie nur zügelloser machte, mit guten und schlechten Mitteln das laisser aller um jeden Preis durchsetzte. In den phokischen Wirren und den thrakischen Thronstreitigkeiten operirte denn auch die attische Politik so unglücklich, dass sie Philipp geradezu Thür und Thor öffnete.

Während der sechziger Jahre, nach Iasons Tode, standen sich in Thessalien, wie überall anderswo, die attische und thebanische Politik feindlich gegenüber, diese im Bunde mit den Aleuaden von Larisa, jene mit dem Dynasten Alexander von Pherae [1]). Geraume Zeit hindurch hatten die Athener und Alexander das Übergewicht, bis der Sieg der Thebaner 363 alles verschob [2]); Epaminondas brachte Alexander dazu mit seiner Piratenflotte den Athenern erheblichen Schaden zu thun, und dieser setzte sein Seeräuberhandwerk auch noch nach Mantinea fort [3]). Zwar kam eine Einigung der Thessaler gegen ihn und eine Allianz des thessalischen Bundes mit Athen, da das Einvernehmen zwischen Theben und den pheraeischen Dynasten fortdauerte, 361 zu Stande [4]), aber Athen that nichts um sich den herrschenden Einfluss in Thessalien zu sichern und der Bund zerfiel oder blieb wenigstens ohne Bedeutung. Philipp löste die Aufgabe, die den Athenern zu mühselig war. Er benutzte den Streit der larisaeischen Aleuaden mit den Dynasten von Pherae, den Nachfolgern Alexanders, und der Pelinnaeer mit den Pharsaliern um zu intervenieren und in allen Hauptorten die ihm ergebene Partei ans Ruder zu bringen [5]). Aller-

---

1) MAI 2, 197 = SIG 85 τὴν στήλην τὴν πρὸς Ἀλέξανδρον. Diod. 15, 71. Plut. Pelop. 28. 29. Nep. Epam. 7, 1. 2. Xenoph. HG 7, 1, 28. Dem. 23, 120. [Plut.] apophth. Epamin. 17, 193 e. Ephipp. 1 bei Athen. 3, 113 f.

2) Diod. 15, 80, 6. Plut. Pelop. 35. Xenoph. HG 7, 5, 4.

3) Xenoph. HG 6, 4, 35. Dem. 23, 162. [50, 4. 51, 8]. Diod. 15, 95. Polyaen. 6, 2, 1. 2.

4) MAI 2, 197 = SIG 85.

5) Diod. 16, 14. Iustin. 7, 6, 7. Theopomp. ā frg. 36. γ̄ frg. 50 [Steph. Χάλκη]. ε̄ frgm. 59 [Steph. Μάκκαραι]. 61 [Steph. Παγασαί]. Polyaen. 2, 19. Über Zeit, Zahl und Zusammenhang der ersten thessalischen Feldzüge Philipps ist gar nichts näheres zu wissen. Nach Diodor 15, 61, 2 herrschte Alexander 11 Jahre, von 369/8 bis 359/8 oder 358/7; die Datirung

dings wurde einmal von Süden her seine Suprematie ernsthaft in Frage gestellt, als Onomarch, der phokische Tyrann, die Partei der pheraeischen Dynasten ergriff und den amphiktionischen Krieg in das Land der Vormacht selbst, der Thessaler, hineinspielte. Es war Epaminondas gewesen, der wie er Messenien wieder ausgrub, wie er die uralte Feindschaft zwischen Tegea und Sparta neu entfachte, so auch die Ruinen der delphischen Amphiktionie benutzte um dem Krieg gegen Sparta ein zugleich religiöses und panhellenisches Relief zu geben, indem er die Spartaner wegen der Überrumpelung der Kadmea zu einer Busse, deren Zahlung nie zu erwarten war, verurtheilen liess [1]). In allem tritt die gleiche macchiavellistische Romantik hervor, welche Jahrhunderte alte Entwicklungen keck überspringt und überspringen muss um an den allein lebensfähigen Bildungen der attischen und spartanischen Bundesgenossenschaft vorbeizukommen. Die sicherste Stütze der Spartaner in Mittelgriechenland, seitdem die Zerstörung des attischen Reichs den spartanischen Sympathieen der Thebaner ein Ende gemacht hatte, waren die Phokier; sie hatten im Krieg der 70er Jahre dem spartanischen Heer unter Kleombrotos eine sichere Zuflucht gewährt und von ihrem Gebiet aus hatte der König den verhängnissvollen Feldzug begonnen, der bei Leuktra endete. Die Phokier mussten sich danach auf ein Bündniss mit Theben einlassen, hatten sich aber 362 geweigert an dem letzten Zug des Epaminondas in die Peloponnes theilzunehmen [2]). Der grosse Spieler war nicht mehr dazu gekommen mit ihnen abzurechnen. Nach seinem Tode griffen die Thebaner von den Thessalern und Lokrern unterstützt das von ihm gefundene Mittel des Amphiktionenurtheils auf [3]) und be-

seines Todes auf 357/6 16, 14, 1 stammt nicht aus der chronologischen Quelle. 357 war er todt, denn Teisiphonos Herrschaft steht für dies Jahr aus Schol. Aristid. p. 298, 23 vgl. mit CIA II 64 = MAI 2, 209 = SIG 86 fest.

1) Diod. 16, 23, 2. 29, 2. Iustin. 8, 1, 5.

2) Xenoph. HG 7, 5, 4.

3) Diodor und Iustin. a. a. O. Paus. 10, 2, 1. 15. 1. Da die Phokier von 371—362 mit den Thebanern verbündet waren, ist es unmöglich ihre Verurtheilung in die gleiche Zeit mit der der Spartaner zu setzen, die nach ausdrücklicher Überlieferung nach der Schlacht bei Leuktra erfolgte.

trieben in blindwüthigem rohen Stammeshass die Vernichtung des tapferen Bergvölkchens mit so thörichter Offenheit, dass dies, obgleich vorher durch Parteiungen gespalten[1]), sich noch zur rechten Zeit zusammenschloss, seinerseits auch auf das graue Alterthum zurückgriff[2]) und die Schirmvogtei des delphischen Tempels mit gewaffneter Hand an sich riss; in der wilden Zeit artete das bald aus in eine Plünderung der Tempelschätze um Söldner anzuwerben. Der 'heilige' Krieg brach los; aber nur die Thebaner, Lokrer, Thessaler und die kleinen Bergstämme an der Nordgrenze der Phokier führten ihn ernsthaft, nur einige Städte, vor allem Byzanz, schickten Subsidien, die sehr nöthig waren[3]), und die phokische Sache stand viel besser, als es zuerst den Anschein hatte. Die Spartaner sahen schadenfroh zu, wie die Thebaner ebenso unter einem von feindlichen Nachbarn geführten Guerillakrieg sich wanden wie sie selbst, und machten wenigstens diplomatisch mit den Phokiern gemeinschaftliche Sache.[4]) Ganz seltsam wirkte der phokische Krieg auf die attischen Parteien.[5]) Die Sympathie mit Theben war traditionell bei den attischen Radicalen, und der steinalte Aristophon hielt mit der Zähigkeit des Greises und Demagogen an ihr fest.[6]) Umgekehrt vermochte die alte spartanerfreundliche Partei, die seit 371 überhaupt den Compass verloren hatte, nicht sich für die neuesten Schützlinge Spartas, die tempelschändenden Phokier, zu erwärmen, ebenso wenig aber auch für die verhassten Thebaner, denen man vorwarf

---

1) Aristot. pol. *E* 4 p. 1304 a 10.

2) Vgl. Diod. 16, 23, 5.

3) SIG 95.

4) Pausan. 3, 10, 3. Diod. 16, 24. 27, 5. 29, 2. Iustin. 3, 1, 11. Nach Dem. 19, 72 ff. schob Aeschines den Spartanern die Schuld zu den heiligen Krieg angestiftet und so den Untergang der Phokier herbeigeführt zu haben, mehr ist in der Stelle nicht zu suchen. Vgl. Aeschin. 3, 133 Λακεδαιμόνιοι προσαψάμενοι μόνον τούτων τῶν πραγμάτων ἐξ ἀρχῆς περὶ τὴν τοῦ ἱεροῦ κατάληψιν.

5) Dass die Athener von Anfang an mit den Phokiern sich verbündet hätten, behaupten Diodor 16, 27, 5. 29, 1, Pausanias und Iustin. a. a. O.; sie werden durch Demosthenes Rede für die Megalopoliten widerlegt, die unverständlich wird, wenn Athen damals nicht neutral war.

6) Aeschin. 3, 138.

dass sie, wenn sie nur gekonnt hätten, dem delphischen Gott gerade so übel mitgespielt haben würden wie die Phokier. [1]) Nur Eubulos war klug genug um einzusehen dass Athen mit der Gefahr eines amphiktionischen Krieges rechnen musste und es dringend geboten war Theben nicht zu reizen. So traf seine kluge Berechnung mit der doctrinären Parteileidenschaft des Aristophon zusammen [2]) und das inschriftlich erhaltene Bündniss der Athener mit den Lokrern [3]), das in die erste Zeit des phokischen Krieges fallen muss, ist gar nicht so unerklärlich. Populär war diese Politik allerdings nicht. In der Masse überwog der Hass gegen die brutalen Thebaner, die Plataeae und Orchomenos zerstört und Oropos gestohlen hatten [4]), und die traditionelle, noch aus den glorreichen Zeiten des 5. Jahrhunderts stammende Freundschaft mit den Phokiern, zu der sich nun das Mitleid mit den Schwächeren, jenes Gefühl auf das der athenische Spiessbürger so stolz war, gesellte. Diese Stimmung machten sich jüngere Parteiführer der Radicalen zu Nutze um gegen Aristophon in die' Höhe zu kommen; ihre Wühlereien sollten für Athen sehr verhängnissvoll werden. Die phokische Macht erreichte ihren Höhepunkt unter Onomarch, der die Lokrer niederwarf und den boeotischen Einheitsstaat, die Schöpfung des Epaminondas, zertrümmerte [5]). Ebenso wie Epaminondas und Pelopidas, griff auch er nach Norden über; war es doch für ihn von höchster Wichtigkeit durch die Beherrschung Thessaliens, der Präsidialmacht des Amphiktionenraths, dem Krieg eine ganz andere Wendung zu

---

1) Vgl. Xenoph. de uectig. 5, 9. Aeschin. bei Dem. 19, 21.

2) Dem. 18, 162.

3) CIA II 90 = SIG 90.

4) Sehr bezeichnend ist Aeschines Bemerkung über Demosthenes [2, 106] καὶ γὰρ πρὸς τοῖς ἄλλοις κακοῖς βοιωτιάζει. Demosthenes Rede für die Megalopoliten ist decidirt antispartanisch nnd will ein Zusammengehn Athens mit den Spartanern und Onomarch hintertreiben, macht aber dem Hass gegen die Thebaner eine Concession über die andere [vgl. 24 ff. 27 ff. 31].

5) Diod. 16, 33, 3. 4. 35, 3. In Amphissa lag eine phokische Garnison, vgl. Plut. mul. virt. 13 p. 249 d. Über Koronea vgl. Aristot. eth. Γ 11 p. 1116 b 15 mit den Erklärern. Steph. Μετάχοιον.

geben. So unterstützte er die Versuche von Lykophron und Peitholaos das Fürstenthum von Pherae neu zu begründen, aufs eifrigste und zunächst mit solchem Glück, dass er sogar Philipp, den die Gegenpartei in Thessalien zu Hülfe rief, hinausschlug [1]). Aber, wie Philipp selbst sagte, der Widder kam wieder und stiess das zweite Mal besser [2]): an der magnesischen Küste verlor der phokische Tyrann Schlacht und Leben, 353/2, im Jahr des Thudemos [3]). Der Sieg war für Philipp von unschätzbarem Werthe. Er gab ihm ganz Thessalien bis zur südlichen Grenze in die Hände — denn mit dem Fürstenthum von Pherae wurde er leicht fertig [4]) —, sonderlich die wichtige Halbinsel Magnesia, die er durch eine Festung sicherte, und den Hafen von Pagasae [5]); er gab ihm aber noch mehr, das Prestige einer echthellenischen Grossmacht, die den delphischen Gott gegen die frechen und gottlosen Usurpatoren zu schirmen berufen war. Das war ja gerade das Gefährliche in jenem von Epaminondas begonnenen Spiel mit den altreligiösen Bildungen, dass es sich zu Gunsten rein politischer Combinationen aufs leichteste drehen liess und doch ein Element enthielt, das mächtig auf die öffentliche Meinung des grössten Theils der Hellenen wirkte. Die gebildeten, aufgeklärten Athener hatten durchaus Recht, wenn sie das orthodoxe Gaukelspiel der Thebaner für das hielten, was es war [6]), aber sie hatten nicht Recht, wenn sie glaubten den Amphiktionenrath mit dem frommen Brimborium als quantité négligeable behandeln zu können, statt ihn zu ihren Gunsten zu leiten. Sie begingen

----

1) Diod. 16, 33, 3. 35, 1. 2. Polyaen. 2, 38, 2. Vgl. Theopomp ϑ frg. 83 [Theon prog. 2 p. 19]. 87 [Steph. Φαρκηδών vgl. Polyaen. 4, 2, 18].

2) Polyaen. a. a. O.

3) In dies Jahr setzt Philochoros bei Dionys. de Dinarch. 13 p. 665, 15 den Zug der Athener nach den Thermopylen: dies und das Datum der Katastrophe, im Skirophorion des Jahres des Themistokles, 346, sind die einzigen sicheren Punkte des phokischen Krieges. Über Onomarchs Niederlage und Tod vgl. Diod. 16, 35, 3 ff. 61, 2. Iustin. 8, 2, 1 ff. Paus. 10, 2, 5. Philon bei Euseb. PE 8, 14 p. 392 c.

4) Diod. 16, 37, 3. 38, 1. Dem. 2, 14. 6, 22.

5) Dem. 1, 22. 2, 11. 4, 35.

6) Vgl. z. B. Isokrat. 5, 54.

jetzt, in der Bestürzung über Onomarchs Niederlage, durch
Gerüchte dass Philipp von den Thebanern gerufen sei, er-
schreckt, aufgehetzt durch einen der schlimmsten radicalen
Schreihälse, Hegesipp, der die Gelegenheit benutzte um den
von ihm und seinem Bruder Hegesander schon längere Zeit gegen
Aristophon um die Herrschaft in der radicalen Partei geführten
Kampf[1]) endgiltig zu entscheiden, die unglaubliche Thorheit
ein Bündniss mit den Phokiern abzuschliessen[2]). Verzeihlicher
war es, dass sie, als sie die Dynasten von Pherae nicht mehr
hatten retten können[3]), eine Expedition ausrüsteten um Philipp
den Einmarsch in die Thermopylen zu sperren: dieser war
freilich klug genug nichts zu forciren[4]); er konnte ja warten,
bis die Frucht reif war und die definitive Lösung der phokischen
Wirren, zu der die Amphiktionie und die Thebaner unfähig
waren, ihm angetragen wurde, und war es nur zufrieden dass
die Athener sich durch das Bündniss mit den Frevlern vor
ganz Hellas compromittirten. Es wäre noch angegangen, wenn
Athen jetzt versucht hätte die verwickelte Frage in einer für
die Phokier nicht gar zu ungünstigen Weise zu lösen und so
die drohende Gefahr einer makedonischen Intervention aus
dem Wege zu räumen; aber daran war bei der radicalen
Strömung gar nicht zu denken und man vergnügte sich damit
Ehrendecrete für Onomarchs Nachfolger Phayllos zu ver-
fertigen[5]). So brachte die attische Politik es dahin, von Onomarchs Siegen keinen Vortheil zu haben und sich gerade in der
Zeit an die phokischen Tyrannen zu hängen, als es mit ihnen
bergab ging und bei dem Versiegen der delphischen Tempelschätze der Zusammenbruch der mehr und mehr ausartenden
Militärdespotie nur noch eine Frage der Zeit wurde, während
umgekehrt Philipp sich immer deutlicher als der zukünftige und
berufene Schiedsrichter heraushob. Die leere Demonstration

---

1) Aeschin. 1, 64.
2) Dem. 19, 72 ff. Aesch. 3, 118. Die Stellen erklären sich gegen-
seitig.
3) Dem. 4, 35.
4) Dionys. de Dinarch. 13 p. 665, 15. Diod. 16, 38, 1. Iustin. 8,
2, 8 ff. Dem. 18, 32. 19, 84. 319.
5) Dem. 23, 124.

an den Thermopylen wurde zu einem grossen Erfolg aufge-
bauscht [1]) und man fing in Athen wieder an Philipp für
einen sehr hassenswerten, aber ungefährlichen Gegner zu
halten [2]).

Trotzdem oder auch gerade deshalb konnte der von Rache
träumende attische Demos sich nicht dazu entschliessen mit
Philipp Frieden zu schliessen und gab ihm so selbst den besten
Rechtsgrund um Athen mehr und mehr aus seinen Positionen
hinauszuwerfen und zu isoliren. Nachdem er eine Flotte hatte,
lag es nahe die Chersones ins Auge zu fassen, den empfind-
lichsten Punkt der auswärtigen attischen Besitzungen, an dem
sich mehr als einmal das Schicksal der Stadt entschieden hatte.
Timotheos, wie in allem, so auch hier der energische und
fähige, aber von der Demokratie nicht verstandene Vertreter des
Reichsgedankens, bewies zuerst nach dem Königsfrieden und
dem Scheitern von Thrasybuls Entwürfen dass der Besitz der
Chersones keine Unmöglichkeit für Athen war. Während seiner
Strategien in den sechziger Jahren [3]) knüpfte er nicht nur die
Verbindungen mit den kleinasiatischen Ioniern wieder an und
benutzte die Verletzung des Königsfriedens durch einen persischen Offizier um Samos zu erobern und zu einer attischen
Domäne zu machen [4]), sondern griff auch, gemäss dem Auf-
trage den aufständischen Satrapen Ariobarzanes vorsichtig
und ohne directen Angriff auf den Grosskönig zu unterstützen, in die verwirrten Verhältnisse am Hellespont ein.
Des Satrapen rechte Hand war ein griechischer Condottiere,

---

1) Vgl. Dem. 19, 86.

2) Das lehrt am besten Demosthenes Aristokratea.

3) Fest steht nur dass er 366/5 [CIA II 53. Hermes 24, 117 ff.] und
363/2 Strateg war und 365/4 das Commando sowohl des hellespontischen wie
des chalkidischen Krieges erhielt [s. o.]; und es ist so gut wie sicher dass
er von 366/5—363/2 continuirlich gewählt wurde. Ob er aber schon 367,6
die Strategie inne hatte, ist von vornherein nicht zu sagen.

4) Dem. 15, 9. Isokrat. 15, 111 [= Nep. Timoth. 1, 2]. [Aristot.]
oecon. *B* 2 p. 1350 b 4 ff. = Polyaen. 3, 10, 5 = 9. 10. Vit. X oratt.
p. 837 c. Paus. 6, 3, 16. Nach Diodor 18, 18, 9 fällt die Eroberung in
das Jahr des Chion, 365/4. 361/0 [Schol. Aeschin. 1, 53] wurden attische
Kleruchen hingeschickt; vgl. Aristot. rhet. *B* 6 p. 1384 b 30. [Herakl.]
10, 7. Zenob. 2, 28.

damals das unentbehrliche Requisit aller Dynasten, der Aby-
dener Philiskos, der nach Condottierenart sein unsicheres Hand-
werk dazu benutzte sich ein leidlich sicheres Fürstenthum
zusammen zu erobern. Das Centrum war Lampsakos; nominell
behielt der Satrap die Oberhoheit [1]). Der persische Rebell und
der griechische Landsknecht stiessen zusammen mit dem
Odrysenkönig Kotys. Wie schon sein Vorgänger Seuthes als
Statthalter des wichtigen Küstengebiets es mit Erfolg versucht
hatte sich von dem legitimen Herrscher Medokos-Amadokos [2])
loszumachen, so stürzte Kotys die erbliche Dynastie vollends
vom Thron und erweiterte das Reich erheblich [3]); vor allem
drängte er nach dem Meere zu, wobei er klug genug war sich
die Freundschaft der Kardianer zu sichern, die ihrerseits in
diesen ganzen Wirren mit ausserordentlicher Schlauheit stets
die sicherste und beste Chance zu ergreifen wussten. Ursprüng-
lich Gegner des Iphikrates, der hier nach 386 abenteuerte, gewann er den schlauen Landsknecht für sich und gab ihm seine
Tochter zur Frau; Iphikrates liess es sich gern gefallen dass
er eine Stellung und einen Besitz bekam, der ihm vor den
Launen des Demos eine sichere Zuflucht gewährte, und dem
Handwerker des Krieges, der sich über die Vorurtheile und das
Naserümpfen des attischen Bildungsphilisters hinwegsetzte,
waren die tapferen, wenn auch rohen Thraker nicht anti-
pathisch. Er konnte und wollte auch Kotys nicht hindern, als
er in seinem Drang die Küste der Propontis und des Hellespont
in seinen Besitz zu bringen nicht nur Sestos, das Ariobarzanes
gehörte, sondern auch die attische Bundesstadt Perinth angriff.
Der Satrap und Philiskos vertheidigten Sestos und unterstützten
das attische Corps das Perinth schützen sollte. So lagen die
Dinge, als Timotheos eingriff. Er schlug Kotys zurück und
erhielt von dem Satrapen zum Lohn Sestos und Krithote [4]).

---

1) Dem. 23, 141 ff.

2) Für den Rückgang der attischen Macht ist es bezeichnend dass
der ältere Herrscher Μήδοχος mit attischem Vocalismus, der jüngere con-
stant Ἀμάδοχος, wahrscheinlich mit engerer Anlehnung an die epichorische
Form, genannt wird.

3) Vgl. A. Höck, Hermes 26, 85 ff.

4) Xenoph. Ages. 2, 26. Isokrat. 15, 112. Nep. Timoth. 1, 3. [Aristot.]
oecon. B 2 p. 1351 a 24 ff.

Die Ertheilung des attischen Bürgerrechts an diesen und an Philiskos [1]) war kein zu hoher Preis dafür dass Athen wieder festen Fuss auf der Chersones fasste. Die Byzantier, welchen nichts unangenehmer war als das Festsetzen der Athener an der Handelsstrasse nach dem Süden, mussten sich fügen [2]). Aber mit Timotheos Commando hörten auch die Erfolge auf, und der Krieg mit Kotys begann zu versumpfen; ausserdem wurde Philiskos von zwei Lampsakenern ermordet [3]) und Ariobarzanes von seinem eigenen Sohn Mithradates dem Grosskönig verrathen [4]). Am ungünstigsten wirkte die wechselnde Herrschaft der Parteien ein und das Auftreten eines odrysischen Praetendenten, des Miltokythes, der im Herbst 362 den Athenern als Preis ihrer Unterstützung die ganze Chersones versprach [5]). So thöricht es nun war den Odrysenkönig weit über das nothwendige Mass hinaus zu provociren, so griffen, wenn der Anschein nicht trügt, die Radicalen, unter anderem auch durch den Hass gegen Kallistratos Genossen Iphikrates verführt [6]), diese Gelegenheit auf um der attischen Politik ein stürmischeres Tempo zu geben. Die Gegenpartei, sehr entgegen kommende Gegenanträge des Kotys benutzend [7]), war auch nicht müssig und so gab es einen tollen Wirrwarr. Schon gleich nach dem Auftreten des Miltokythes, als Ergophilos, der frühere Stratege, verurtheilt und mit knapper Noth dem Tode entronnen war [8]), bekam sein radicaler Ersatzmann Autokles [9]), der eigentlich Miltokythes helfen sollte, eine Instruction mit, die jedes energische Eintreten für diesen unmöglich machte. Auch er verfiel der Anklage [10]) und wurde im Frühjahr 361 durch Menon

---

1) Dem. 23, 141. 202. Vgl. Koehler zu CIA II 94.

2) Nep. Timoth. 1, 2.

3) Dem. 23, 142.

4) Harpokrat. Ἀριοβαρξάνης. Xenoph. KP 8, 8, 4. Aristot. pol. E 10 p. 1312 a 16.

5) Dem. 23, 104 ff. [50,] 5.

6) Vgl. Dem. 23, 156 τὸν Κηφισόδοτον .. ἐχϑρὸν ὄντα τοῦ Κότυος καὶ τοῦ Ἰφικράτους.

7) Dem. 23, 114. 115.

8) Dem. 23, 104. Aristot. rhet. B 3 p. 1380 b 10.

9) Vgl. über ihn Xenoph. HG 6, 3, 2. 7. Diod. 15, 71, 3.

10) Dem. 23, 104. [50,] 12. 36. 53. Hyperid. frg. 58—68.

ersetzt, dem bald dasselbe Schicksal zu Theil wurde[1]). Die Entsendung des Timomachos, des Schwagers des Kallistratos, für das Jahr 361/0[2]) verräth dass der Wind in einer Zeit von einem halben Jahr sich völlig gedreht hatte. Er unternahm gar nichts gegen Kotys, so dass dieser Miltokythes niederwarf, nicht ohne Iphikrates Hülfe, der sich nicht scheute die Krone seines Schwiegervaters gegen seine Mitbürger zu vertheidigen[3]). Kotys versprach nach dem Sieg über den Praetendenten dem attischen Strategen die Chersones nicht angreifen zu wollen[4]) und so fuhr dieser im Frühjahr 360 beruhigt nach Hause[5]). Sofort fiel der Odrysenkönig in die Halbinsel ein und eroberte einen Platz nach dem anderen[6]). Er wurde unterstützt von den Abydenern, die sich ebenso wie die Lampsakener[7]) nach Philiskos Tode in seinen Schutz begeben zu haben scheinen und jetzt den Athenern Sestos abnahmen[8]). Dass Timomachos darauf in Athen der Prozess gemacht wurde, versteht sich von selbst[9]). Iphikrates war so klug zur rechten Zeit mit seinem Schwiegervater zu brechen und in sicheren Zufluchtsorten fürs erste zu verschwinden[10]). Für ihn gewann Kotys reichlichen Ersatz in dem Oreiten Charidem[11]), der nach längerer, wechselvoller Laufbahn als Landsknecht schliesslich bei dem Versuch sich in der Troas eine Herrschaft zu gründen, in ernste Gefahr gerieth und nun am thrakischen Hofe eine sichere Zuflucht fand, auch gleich von Kotys verwandt wurde um ihm bei der Belagerung von Krithote und Elaeus, der einzigen Plätze die noch attisch

---

1) Dem. 36, 53. [50,] 12. 14.
2) [Dem.] 50, 14 ff.
3) Dem. 23, 130.
4) Dem. 23, 115.
5) [Dem.] 50, 1. 4. 53 ff.
6) Dem. 23, 115.
7) Vgl. Schol. Aeschin. 3, 51.
8) Dem. 23, 158. 177. Hyperid. Euxen. 18. Vgl. Aristot. pol. E 6 p. 1305 b 33. 1306 a 31.
9) Dem. 36, 53. 19, 180. Aeschin. 1, 56. Hyperid. a. a. O.
10) Dem. 23, 131 ff.
11) Dem. 23, 149 ff.

geblieben waren, zu helfen. Es zeigte sich bald, welch eine werthvolle Erwerbung Kotys für seine Dynastie in dem vielverschlagenen und vielgewandten Manne gemacht hatte. Als er noch auf der Höhe seiner Macht stand und es eben noch gewagt hatte in die makedonischen Thronstreitigkeiten nach Perdikkas Tod einzugreifen, wurde er selbst von dem Bruderpaar Python und Herakleides aus Aenos ermordet[1]), im Anfang 359. Sofort brachen schwere Gefahren über sein Reich herein. Gegen seinen noch blutjungen Sohn Kersobleptes[2]) erhoben sich ausser Miltokythes, der, wie es scheint im Bunde mit Kotys Mördern, sich der Küste bemächtigte, ein Abkömmling der legitimen Dynastie, Amadokos, und Berisades, über dessen Thronansprüche nichts näheres bekannt ist. Ferner erschien der attische Strateg Kephisodot mit einem Geschwader von zehn Schiffen, ich vermuthe, um Miltokythes zu unterstützen[3]). Charidem rettete die Dynastie, allerdings nicht umsonst, da er Kersobleptes Schwester heirathete und so, der abenteuernde Landsknecht, in die Familie des Herrschers hineinkam[4]). Er setzte dem attischen Strategen zunächst in einem siebenmonatlichen Feldzug so zu, dass dieser einen für Kersobleptes sehr günstigen Waffenstillstand abschliessen musste, was ihm als fünften in der Reihe der Strategen am Hellespont einen Prozess eintrug[5]). Miltokythes wurde nach dem Abzug

1) Dem. 23, 119. 127. 163. Aristot. pol. E 10 p. 1311 b 20. Ind. Hercul. Acad. p. 5. Plut. de se ips. laud. 11, 542 e. de republ. ger. 20, 816 e.

2) Vgl. die Inhaltsangabe von Theopomp $\bar{a}$ bei Polyb. 39, 2, 2 ff. und das Fragment in dem Lexikon der Aristokratea Hermes 17, 150. Die Hauptquelle für uns ist Dem. 23, 163 ff.

3) Dass er nicht wegen jenes famosen Briefes des Charidemos, von dem Demosthenes in der Aristokratea so viel Aufhebens macht, ausgeschickt wurde, geht aus Demosthenes eigener Darstellung klar hervor: Charidem kam schon zu Kotys Lebzeiten aus Asien herüber und Kephisodot erschien mit seiner Flotte erst nach jener Ermordung. Darauf kommt es an: was es mit dem Brief auf sich hat und weshalb Artabazos und seine Schwäger den Abenteurer ziehen liessen, ist nicht mehr zu errathen.

4) Dem. 23, 11. 129.

5) Dem. 23, 161. Androtion frg. 17 [Harpokr. Κηφισόδοτος]. Aeschin. 3, 51 ff.

der Athener gefangen genommen und den Kardianern, seinen geschworenen Feinden, überliefert. Trotzdem nahmen die Dinge eine für Athen günstigere Wendung, weil sich Amadokos und Berisades mit einander und mit Athen gegen die drohende Macht des Kersobleptes und Charidem verbündeten und in dem Condottiere Athenodor, der aus einer attischen Kleruchenfamilie stammend, eine ähnliche Laufbahn wie Charidem hinter sich hatte[1]) und als Gründer einer Stadt im Westen des Odrysenreichs und mit Berisades verschwägert[2]), bei diesem dieselbe Rolle spielte wie Charidem bei Kersobleptes, einen tüchtigen Führer hatten. Er schlug nach einem glücklichen Feldzug Kersobleptes und Charidem einen Theilungsvertrag vor, der ihnen nur den Osten bis zum Hebros liess, Berisades den Westen, Amadokos den mittleren Streifen zwischen dem Hebros und Maronea zuwies[3]). Den Athenern wurde die Chersones ausdrücklich zuerkannt. Offenbar sollten sie dazu gebracht werden in ihrem eigenen Interesse Kersobleptes zur Ratification des Vertrags zu zwingen, aber sie zahlten Athenodor keine Subsidien, so dass er sein Heer entlassen musste, und schickten Chabrias, im August oder September 357, mit nur einer Triere nach dem Hellespont. Die Folge war dass Kersobleptes Chabrias zwang anstatt des Theilungsvertrags einen Tractat anzunehmen, der ihn als Herrn der Chersones anerkannte und ihm als solchem sämmtliche Zölle und Gefälle überwies. Die Athener cassierten darauf Chabrias Wahl zum Strategen[4]), begnügten sich aber im übrigen damit eine Zehnercommission hin zu schicken, um wenigstens Amadokos und Berisades auf den Theilungsvertrag zu vereidigen und Vorschläge für den Krieg gegen Kersobleptes auszuarbeiten. Chares, der im Sommer 356

---

1) Sie waren schon bei einer anderen Gelegenheit aneinander gerathen, Aeneas 24.

2) Isokrat. 8, 24. Dem. 23, 10.

3) Vgl. A. Höck, Hermes 26, 102.

4) Er war für das Jahr 357/6 zum Strategen gewählt und hatte als solcher mit seinen Collegen das Bündniss mit Karystos das nach Beendigung des euboeischen Feldzugs geschlossen wurde, beschworen. Nach seiner Cassirung wurde sein Name auf der Steinurkunde [CIA II 64 = SIG 86] ausradirt, und durch dies Zusammentreffen wird der an und für

dorthin abging um zugleich auch den Krieg gegen die abge-
fallenen Bundesgenossen und gegen Philipp zu führen, setzte
bei Kersobleptes allerdings durch dass er den Theilungsvertrag
ratificirte und somit Athens Ansprüche auf die Chersones
anerkannte, aber ihre festen Plätze erhielten die Athener
nicht wieder.

Diese zehnjährige Entwicklung, deren einzelne Stadien zu-
fällig besonders gut überliefert sind, zeigt, wie unfähig die
attische Demokratie nach Mantinea zu einer kräftigen auswärtigen Politik war. Sie leistete nichts und liess sich in alles
hineinziehen; sie folgte den radicalen Schreihälsen und erlaubte
es den Besitzenden sie in Sicherheit zu wiegen; und das alles war
um so schlimmer, als Athen nach 362 die erste, ja nahezu die
einzige Grossmacht war, an die sich doch immer dieser und
jener wandte, so dass eine Politik nach aussen hin gar nicht
zu vermeiden war. Wie in der Chalkidike, in Thessalien, in
dem phokischen Handel, so löste auch in Thrakien Philipp die
Probleme mit denen die alternde Republik nicht fertig wurde.
Er verhielt sich zunächst zuwartend. Während er Ketriporis
und dessen Brüdern, den Söhnen des Berisades, 357/6 Krenides
entriss und ein beständig drohender Nachbar blieb, schonte er
Amadokos und versuchte mit Kersobleptes Verbindungen anzu-
knüpfen. Die ganze Situation veränderte sich, als dieser, der
noch nach dem Ende des Bundesgenossenkrieges 354[1]) und
zur Zeit von Pammenes Zug den Athenern feindlich war, plötz-
lich zu ihnen hinüber schwenkte. 353/2, im Jahr des Thudemos,
eroberte Chares Sestos[2]), wofür noch 357 Kersobleptes Geiseln
in Händen hatte und nicht herausgeben wollte[3]), während er
jetzt sich nicht im Geringsten widersetzte; ja er überliess die
ganze Chersones ausser Kardia so anstandslos den Athenern,

---

sich schon sehr wichtige Stein zum Grundstein der Chronologie für den
Krieg in der Chersones nicht nur, sondern auch für den Bundesgenossen-
krieg. So erklärt sich auch Demosthenes gewundene Ausdrucksweise
[23, 171] ὡς δ' ἐν ἀρχαιρεσίαις ὑμεῖς Χαβρίαν ἐπὶ τὸν πόλεμον τοῦτον
κατεστήσατε.

1) Isokrat. 8, 22.
2) Diod. 16, 34, 3.
3) Demosth. 23, 177.

dass in dem angegebenen Jahr Kleruchen dorthin geschickt werden konnten [1]). Die Ehrendecrete für Kersobleptes und Charidem, die Wahl des fremden Condottiere zum attischen Strategen, der Antrag ihn unter den besonderen Schutz des attischen Staats zu stellen [2]) sind ein deutliches Zeichen dafür, dass Charidem es, aus Gründen die nicht zu errathen sind, für zweckmässig gehalten hatte sich mit Athen gut zu stellen und die Ansprüche auf die Chersones aufzugeben. Seine Bemühungen in Athen festen Fuss zu fassen, stiessen auf erbitterten Widerstand von Seiten der Radicalen, man könnte sich denken, weil Chares keinen angesehenen General neben sich dulden wollte, und Demosthenes, der die Aristokratea für die radicale Partei schrieb [3]), malte den Odrysenkönig und seinen Feldhauptmann mit so schwarzen Farben wie nur möglich, hütete sich aber wohl von der jüngsten Vergangenheit, der Eroberung von Sestos und der Kleruchensendung ausführlich zu erzählen, da das Bild dann ein ganz anderes geworden wäre. Die unerwartete Entente zwischen Athen und Kersobleptes war sowohl Amadokos, dem Nachbar, verdächtig als auch den Byzantiern und Perinthiern, die weder die attische Position auf der Chersones noch die odrysische Macht vor ihren Thoren mit freundlichen Augen ansahn [4]). Da Grenzstreitigkeiten nie fehlten,

---

1) Diod. 16, 34, 4. CIA II 795 f 133.

2) Demosthenes in der Aristokratea *passim*.

3) Für die Parteistellung sind bezeichnend die milden Urtheile über Autokles [104] und Kephisodot [167], das Lob des Miltokythes, des von den Radicalen unterstützten Praetendenten [169], die scharfen Ausfälle gegen die überschwänglichen Ehren welche Chabrias, Iphikrates und Timotheos zuerkannt sind [193], und besonders die dröhnenden Diatriben gegen den antidemokratischen Personencultus [208 ff.], die von nun an eiserner Bestand der demosthenischen Beredsamkeit werden und im letzten Grunde stets das unantastbare persönliche Ansehn des Eubulos treffen sollen; dessen Bauthätigkeit wird auch direct lächerlich gemacht [208]. 'Damals war der Demos der Herr der Staatsmänner, jetzt ihr Diener' [209] ist ein böses Demagogenwort, das an radicaler Gesinnungstreue nichts zu wünschen übrig lässt. Es ist kein Zufall dass dieselben Angriffe und Sentenzen in der dritten olynthischen Rede [21 ff.] wiederkehren, die von der ersten bis zur letzten Zeile ein Angriff gegen Eubulos ist.

4) Vgl. Polyb. 4, 45.

wurde es Philipp leicht Amadokos und die beiden Griechen-
städte für ein Bündnis zu gewinnen, das sich wesentlich gegen
Kersobleptes richtete, indirekt aber auch Athen traf[1]). Über
Ketriporis Stellung ist nichts überliefert; da sein Reich zwar
zur Zeit der Aristokratea noch besteht, später aber nicht mehr
erwähnt wird, ist es sehr wahrscheinlich dass Philipp auf
dem Zuge gegen Kersobleptes den Bundesgenossen Athens von
356 ganz bei Seite räumte[2]) und damals das Gebiet bis zum
Nestos annectirte[3]). Im Herbst 351 brach Philipp in das
Reich des Kersobleptes ein und stand im Maimakterion vor
dem heraeischen Fort[4]), an der Grenze der perinthischen Feld-
mark, so dass er sich bequem mit den Verbündeten vereinigen
konnte. Der erste Schrecken in Athen war gross: 40 Trieren
sollten ausgerüstet und mit den jüngeren Jahrgängen bemannt,
eine Steuer von 1 % der Schatzung ausgeschrieben werden.
Aber im Winter konnte die Flotte nicht fahren und im Frühjahr unterblieb die Expedition. Dann kam die Zeit der Etesien
und erst im Boedromion 350 ging Charidem mit 10 Schiffen
ab, die er erst dort bemannen sollte; nur 5 Talente wurden
ihm mitgegeben. Demosthenes behauptet dass die Athener
auf die Nachricht Philipp sei krank geworden, sich beruhigt
hätten und von dem ersten energischen Beschluss abgestanden
wären[5]). Somit hat Philipp 351 0, ungestört von den Athenern,

1) Schol. Aeschin. 2, 81.

2) Schaefer [Dem. 1⁸ 446] und Höck [Hermes 26, 108] erinnern an
die abgesetzten Könige die Isokrat. 5, 21. Dem. 1, 13. Iustin. 8, 3, 14
vorkommen.

3) Strab. 7, 322. 331 frg. 35.

4) Dem. 1, 13. 3, 4. An letzterer Stelle heisst es τρίτον ἢ τέταρτον
ἔτος τουτί. Da die dritte Olynthiaka im Jahr des Kallimachos, Ende
349, gehalten ist, kommen der Maemakterion des Aristodemos, 352, oder
der des Theellos, 351, in Frage. Wesshalb ich mich, im Gegensatz zu
der herrschenden Meinung, für den letzteren entscheide, wird unten klar
werden.

5) Mit der 1, 13. 4, 11 erwähnten Krankheit darf diese nicht identi-
ficirt werden. In dem 21. Prooemion, dessen Unechtheit zu beweisen sehr
schwer fallen dürfte, heisst es: ihr beschliesst sehr rasch Geschwader
segelfertig zu machen, sie mit dem Bürgeraufgebot zu bemannen, Kriegs-
steuer auszuschreiben; wenn dann die bedrohlichen Nachrichten ausbleiben,

Kersobleptes niedergeworfen, ihn zu Gebietsabtretungen an Amadokos, Perinth und Byzanz gezwungen und seinen Sohn als Geisel nach Makedonien fortgeführt. Die Athener liessen ihren Bundesgenossen aufs schnödeste im Stich: sollte etwa der Hass der Radicalen gegen Kersobleptes hier eine verhängnissvolle Rolle gespielt und Demosthenes gute Gründe gehabt haben die wahre Ursache der attischen Saumseligkeit zu verschweigen? Es muss jedenfalls hervorgehoben werden dass der Sieg Philipps, sein Bündniss mit Byzanz, der erbitterten Gegnerin Athens, die Demüthigung des Kersobleptes, dessen Freundschaft für Athen so wichtig war, weder in der ersten Philippika noch in den olynthischen Reden eine irgendwie hervorragende Rolle spielen. Dem sei nun wie ihm wolle, es passt sehr gut zu der eben entwickelten Auffassung von dem Hergang der thrakischen Dinge, dass Charidem im Herbst 350 nicht mehr am odrysischen Hofe, sondern in Athen weilt; dass Philipp Kersobleptes veranlasste den gefährlichen, mit den Athenern mehr und mehr liirten Mann zu entlassen, ist sehr verständlich.

Nach der Einnahme Methones, nachdem er die Athener völlig von seinen Küsten vertrieben hatte, beschränkte sich Philipp auf indirecte Angriffe. Die Athener ahnten die Gefahr nicht, die ihnen von diesem Manne drohte. Sie waren wüthend über die Eroberung von Amphipolis, über den Verlust der Chalkidike, sie wollten sich rächen, aber sie fürchteten den Gegner nicht; er galt ihnen nicht mehr als Kersobleptes [1]) oder Maussollos. Als der directe Krieg aufhörte, nach dem Zug gegen die Thermopylen, achteten sie ihn nicht einmal so viel mehr. Das gute Verhältniss zu Kersobleptes und der Friede mit Olynth, wo die antimakedonische Partei mehr und mehr

---

wird der Beschluss als unzeitgemäss nicht ausgeführt. ὅπερ, ἡνίκα ἐν Ἑλλησπόντωι Φίλιππον ἠκούσαμεν, συνέβη καὶ πάλιν ἡνίκ᾿ εἰς Μαραϑῶνα τριήρεις αἱ λῃστρίδες προσεῖχον. Das geht deutlich auf zwei Erkrankungen Philipps, von denen die erste 3, 4, die zweite 1. 13. 4, 11 berührt wird. So etwas denkt kein Rhetor sich aus.

1) Vgl Isokrat. 8, 62.

Boden gewann, bestärkte sie nur in der Gewohnheit Philipp als quantité négligeable zu behandeln. Sie wollten den Krieg nicht aufhören lassen, sandten sogar 352/1 ein Geschwader aus um die makedonischen Küsten zu plündern [1]), eine Expedition, deren näheren Zusammenhang wir nicht kennen, aber sie nahmen ihn nicht schwer. Demosthenes schweigt in der Symmorienrede völlig von Philipp, so nahe gerade hier eine Warnung gelegen hätte, ebenso in der für die Megalopoliten. In der Aristokratea behandelt er die in Thrakien einzuschlagende Politik in einer Weise dass mit Philipp nicht gerechnet wird. Die rhodische Rede räth geradezu mit dem Grosskönig anzubinden, als wenn der makedonische Krieg nichts bedeutete und sich nebenher erledigen liesse. Nach Dionys [2]) ist sie 351/0 gehalten, in demselben Jahr in dem Philipp Kersobleptes niederwarf. Es würden sich sehr bedenkliche Schlussfolgerungen aus dieser Datierung ziehen lassen, wenn sie nur sicher wäre; das darf aber gesagt werden, da die Aristokratea und die rhodische Rede durch und durch radicale Parteischriften sind: bis zum Ende des thrakischen Krieges ist Philipp noch nicht der Feind gegen den die attischen Radicalen, die stets chauvinistisch sind oder sein wollen, in erster Linie wühlen und hetzen. Und von der Friedenspartei bezeugt es Demosthenes ausdrücklich dass sie den Krieg mit Philipp für überflüssig hielt [3]).

Ein gänzlich anderes Bild zeigt die erste Philippika. Hier erscheint der Makedone zum ersten Mal als die nationale Gefahr, sie eröffnet die lange Reihe der klassischen Angriffe des grossen Redners, der erst als er den grossen Gegner gefunden hatte, die Höhe seiner Kunst und Kraft erreichte. Demosthenes war aber ein viel zu guter Rechner um diesen Ton gegen Philipp anzuschlagen, wenn er nicht sicher gewesen wäre dass

---

1) Dionys. 1 ep. ad Amm. 4 p. 725, 11. S. unten.
2) 1 ep. ad Amm. 4 p. 726, 1.
3) 15. 24 ὁρῶ δ' ὑμῶν ἐνίους Φιλίππου μὲν ὡς ἄρ' οὐδενὸς ἀξίου πολλάκις ὀλιγωροῦντας, βασιλέα δ' ὡς ἰσχυρὸν ἐχθρὸν, οἷς ἂν προέληται, φοβουμένους.

er das Echo der Volksstimmung war ¹). Es heisst ja auch in
der Einleitung dass schon viele und oft über den gleichen
Gegenstand gesprochen hätten. Es muss ein Ereigniss, oder
eine Kette von Ereignissen eingetreten sein, die den Athenern
die ganze Gefahr vor Augen stellten, zu deren Erkenntniss sie
aus sich selbst heraus nicht gelangten, auch Demosthenes nicht,
wie seine früheren Reden lehren. Es gilt diese Ereignisse
näher zu bestimmen.

Allerdings liegt nach der hergebrachten Meinung die Sache
ganz anders. Danach ist die erste Philippika im Frühjahr 351,
im Jahr des Aristodemos gehalten, in Veranlassung eines vorläufigen Angriffs den Philipp auf Olynth unternommen haben
soll. Der Ansatz soll durch Dionys 'überliefert' sein und erfreut
sich jetzt kanonischen Ansehns. Ich will es den Anhängern
der s. g. Überlieferung neidlos überlassen sich zusammen-
zureimen, wie die rhodische Rede, die von der Überlieferung
in das Jahr des Theellos gesetzt wird, später sein kann als die
erste Philippika; ich muss nur darauf bestehen dass man sich
klar macht, worauf diese Überlieferungen beruhen. Keine
attische Chronik hat die Reden des Demosthenes als solche
datirt. Die grossen Processreden, wie die über Aeschines Gesandtschaft und über den Kranz waren leicht zu bestimmen,
weil die Processe selbst als wichtige Staatsereignisse überliefert
waren; mit der Androtionea Timokratea Leptinea Aristokratea
ist die Sache schon anders und das jetzt herrschende, be-
dingungslose Zutrauen in Dionys Angaben nicht gerechtfertigt.
Noch schlimmer steht es mit den Staatsreden; hier blieb den
alten Kritikern nichts anderes übrig als das Datum aus der
historischen Interpretation der Rede zu gewinnen. Dabei ver-
fielen sie nur zu leicht in den verhängnissvollen Irrthum zu
meinen dass Demosthenes Vorschläge womöglich immer als
Thatsachen in der Chronik auftauchen müssten. Die Bestim-

---

1) Vgl. Plut. Dem. 8 δημοτικὸν ἀπέφαινεν ἄνδρα τὸν λέγειν μελε-
τῶντα· θεραπείας γὰρ εἶναι τοῦτο δήμου παρασκευήν, τὸ δ' ὅπως ἔξουσιν
οἱ πολλοὶ πρὸς τὸν λόγον, ἀφροντιστεῖν ὀλιγαρχικοῦ καὶ βίαι μᾶλλον ἢ
πειθοῖ προσέχοντος. Die historische Prüfung der Demosthenischen Reden
bestätigt das Apophthegma.

mung der olynthischen Reden durch Dionys[1]) ist paradigmatisch
für alle seine Datirungen. Hier legt er selbst die Praemissen
der Rechnung vor, gesteht ein dass er die drei Reden den
drei Expeditionen der Athener gleichgesetzt hätte, und hier
leugnet niemand mehr dass Dionys falsch datirt hat. Das
sollte billiger Weise misstrauisch machen und davor warnen
die Angaben eines Mannes zu überschätzen, dessen historische
Kritik gerade so stumpf ist wie seine litterarische; trotzdem
macht man es sich mit dem Nachrechnen seiner Ansätze, wenn
man es überhaupt vornimmt und sie nicht einfach als 'Überlieferung' anpreist, sehr leicht und sucht sie zu retten um jeden
Preis. Bei der ersten Philippika liegt die Sache nun ganz besonders schlimm, weil gerade hier der Kritiker durch sein
Streben die demosthenischen Anträge bei Philochoros wieder-
zufinden, zu einem totalen Missverständniss der ganzen Rede
verführt wurde. Er combinirte zunächst Demosthenes Antrag
ein stehendes Geschwader auszurüsten um die makedonischen
Küsten zu plündern, mit einer Notiz des Philochoros zum Jahr
des Aristodemos 352/1, dass eine attische Flotte nach Makedonien gegangen sei; so wenigstens erklärt sich der Ansatz am
leichtesten. Nun fand er aber auch im Jahr des Themistokles
347/6 eine Expedition zum Schutz des Hellespont und der
attischen Inseln verzeichnet, und da § 32 der ersten Philippika
die Inseln ausdrücklich erwähnt werden, Demosthenes auch
mit § 30 neu anzuheben scheint, riss er die Rede in zwei Teile
und nannte den zweiten, von § 30 ab, eine Deuterologie um
das Fehlen des Prooemions zu erklären[2]). Ich will zugeben

---

1) 1 ep. ad Amm. 9 p. 734, 8 ff.

2) 1 ep. ad Amm. 4 p. 725, 10 μετὰ δὲ Θούδημον ἦν Ἀριστόδημος
ἄρχων, ἐφ' οὗ τῶν κατὰ Φιλίππου δημηγοριῶν ἤρξατο καὶ λόγους ἐν τῶι
δήμωι διέθετο περὶ τῆς ἀποστολῆς· ξενικοῦ στρατεύματος καὶ τῶν δέκα
τριήρων εἰς Μακεδονίαν. 10 p. 736, 15 ἔπειτα Θεμιστοκλῆς, ἐφ' οὗ τὴν
πέμπτην τῶν κατὰ Φιλίππου δημηγοριῶν ἀπήγγειλε Δημοσθένης περὶ τῆς
φυλακῆς τῶν νησιωτῶν καὶ τῶν ἐν Ἑλλησπόντωι πόλεων, ἧς ἐστιν ἀρχή
Ἃ μὲν ὑμεῖς, ὦ ἄνδρες Ἀθηναῖοι, δεδυνήμεθα εὑρεῖν, ταῦτ'
ἐστί. Schol. Dem. 4, 30 p. 155, 3 ἐντεῦθέν φησι Διονύσιος ὁ Ἁλικαρ-
νασεὺς ἑτέρου λόγου εἶναι ἀρχήν. προοίμιον δὲ, φησίν, οὐκ ἔχει, ἐπειδὴ
δευτερολογία ἐστίν, ἐν αἷς ἐπὶ τὸ πλεῖστον οὐκ εἰσὶ προοίμια. In dem

dass die Gründe die Dionys zu dieser höchst gewaltsamen
Änderung veranlassten, noch nicht ganz aufgeklärt sind; das
ist nicht wunderbar, da seine Motivirung verloren gegangen ist
und es stäts besondere Schwierigkeiten macht einen Irrthum
plausibel zu construiren: es kommt auch nicht viel darauf an,
da das chronologische Verfahren das er einschlug, aus seiner
Behandlung der olynthischen Reden bekannt ist, seine Auffassung der Rede aber einstimmig verworfen wird. Auch daran
denkt kein Mensch mehr die Rede später als den Fall Olynths,
ins Jahr 347/6, zu setzen. Nur den Ansatz des Dionys für den
ersten Theil hält man hartnäckig für die ganze Rede fest. Aber
auch dies nicht ordentlich; denn Dionys lässt jenen Theil der
Aristokratea voran gehen, thöricht genug, aber doch nur weil
die Notizen der Chronik, die er seinen Daten zu Grunde legte,
einander so folgten. Das allein Methodische ist bei einer
solchen Sachlage die gesammten Combinationen des Dionys zunächst bei Seite zu schieben und zu versuchen die Rede aus
sich selbst zu bestimmen; wenn das nicht geht, auf ein sicheres
Resultat zu verzichten.

Von den Ereignissen welche die Rede erwähnt, fällt die
attische Expedition nach den Thermopylen nach sicherer Überlieferung in das Jahr des Thudemos, 353/2 [1]). Philipps thra-
kischer Krieg ist beendet, nach meiner Ansicht im Jahr 350,
doch ist die hergebrachte Meinung, welche das Jahr 351 an-
nimmt, nicht von vornherein zu widerlegen. Vor kurzem ist
er in das Gebiet der Olynthier eingefallen [2]). Da nun der
olynthische Krieg 349, am Ende des Jahres des Apollodor oder
am Anfang des des Kallimachos begann [3]), ist man genöthigt,
um den traditionellen Ansatz auf 352·1 festzuhalten, einen

Schol. 4, 14 p. 153, 7 ὅτι τὸ ἐν Ἁλιάρτωι πρὸ πεντήκοντα [ἐξ codd. mit
Vertauschung von ς und ν] ἐτῶν ἐγένετο, τὸ δὲ ἐν Εὐβοίαι πρὸ τριῶν,
ὅτε καὶ ὁ ῥήτωρ ἐτρειηράρχει ist die dionysische Datirung des zweiten
Theils auf den ersten übertragen und der Krieg von 348 für den von 357
gesetzt, aber der Irrthum ist wichtig, weil er das urkundliche Zeugniss
für die Weilsche Datirung jenes Krieges liefert.

1) S. oben S. 18.
2) 17.
3) Philochoros frg. 132 bei Dionys. 1 ep. ad Amm. 9 p. 734, 12.

früheren, vorläufigen und ganz resultatlosen Krieg Philipps gegen Olynth anzunehmen, von dem kein antiker Autor auch nur das Geringste weiss. Viel näher liegt es die Rede in das Jahr 349 hinabzurücken, und das findet eine Bestätigung in der Erwähnung der Umtriebe Philipps in Euboea [1]): denn dass der euboeische Krieg, bei dem Kallias, damals noch ein notorischer Parteigänger Philipps, eine hervorragende Rolle spielte [2]), in den Anfang des folgenden Jahres, 348, gehört, hat Henri Weil schlagend nachgewiesen [3]). Es handelt sich nun noch darum die Ereignisse zu bestimmen, welche den Umschlag in der Stimmung des attischen Demos und des Redners Philipp gegenüber bewirkten, und zu versuchen ob bei der eben vorgeschlagenen späteren Datirung ein klares historisches Bild herauskommt.

Der Demos ist in grosser Aufregung und es sind schon viele Redner und wiederholt aufgetreten. Von Philipp droht Gefahr; es handelt sich nicht mehr darum ihn zu züchtigen, sondern sich gegen ihn zu vertheidigen [4]). Denn seine Flotte hat vor Kurzem die Bundesgenossen geplündert, die attischen Besitzungen, die Chersones, Lemnos und Imbros bedroht, die Kauffahrer an der Südküste von Euboea weggefangen, sogar das heilige Festschiff ist in Marathon gekapert [5]). Das war es, was zuerst den Schrecken und die Empörung verursacht hatte: der makedonische Parvenu hatte es gewagt den Athenern die Herrschaft des aegaeischen Meeres streitig zu machen [6]) und das Monopol des attischen Handels zu bedrohen, eine Gefahr, die jeder Athener sofort aufs Empfindlichste spürte und die gerade

---

1) 37.

2) Aeschin. 3, 86 ff.

3) Harangues de Démosthène p. 163 ff.

4) 43.

5) 34. In die bei Harpokration Ἱερὰ τριήρης angenommene Identificirung mit der Paralos setze ich starke Zweifel. Es muss sich um das Festschiff der speciell von Marathon nach Delos gehenden πομπή handeln: vgl. Schol. Soph. OC 1047. V. v. Schoeffer, de Deli insulae rebus p. 11. Toepffer, Hermes 23, 481 ff.

6) Es liegt viel in den Worten des Demosthenes [22]: ἔχοντος ἐκείνου ναυτικόν.

die sonst so friedliebende Partei des Besitzes aufstörte. Die
Streifzüge der makedonischen Kriegs- und Kaperschiffe mögen
mehrere Monate gedauert haben, sie bilden darum doch ein
zusammenhängendes, tief einschneidendes Ereigniss, das die
modernen Historiker nicht zu einem für den Gang der Dinge
gleichgültigen Stimmungsbild hätten verzetteln sollen. Demosthenes schiebt allerdings die unheilvollen Vorgänge in den
Hintergrund, mit gutem Grunde, da er den Athenern Muth
machen will und ausserdem noch besondere Absichten verfolgt,
wie gleich klar werden wird, aber andere Redner heben sie
in ihrer Wirkung sehr scharf und deutlich hervor. Aeschines [1])
schildert als Schlussact des bundesgenössischen und makedonischen Kriegs, die er gut zu einem Bilde vereinigt, wie
Lemnos Imbros Skyros in Gefahr gerathen, wie die attischen
Kleruchen die Chersones geängstet verlassen, wie in Athen sich
die ausserordentlichen Ekklesien jagen, was die Einleitung zur
ersten Philippika vortrefflich erläutert. Er will damit die Noth-
wendigkeit des Friedens beweisen, und man könnte versucht
sein die Ereignisse später zu legen. Aber er fasst den olynthischen Krieg als Episode, während der Athen nicht so direct
bedroht war wie unmittelbar vorher, und thatsächlich be-
gannen die ersten diplomatischen Beziehungen zu Philipp schon
vor dem Fall Olynths [2]). Andererseits ist klar dass jene
Schilderung nur dann Sinn hat, wenn sie auf die Zeit unmittelbar vor oder während der ersten Anfänge des olynthischen
Kriegs sich bezieht. In der Rede gegen Neaera [3]) wird die
Gefahr welche den Inseln Lemnos, Imbros, Skyros und der
Chersones drohte, mit dem olynthischen Krieg zusammen-
gestellt [4]) und als letztes entscheidendes Moment die Bürger-
aufgebote gegen Euboea und für den dritten olynthischen
Hülfszug hinzugefügt, so dass das Auftreten der makedonischen
Flotte und die Panik in Athen nicht allzu weit von dem An-

---

1) 2, 70 ff.

2) Aeschin. 2, 12 ff.

3) [Dem.] 59, 3 ff.

4) Dass die vor Olynth stehenden Söldner auseinanderliefen, weil sie
keine Löhnung erhielten, ist sehr wahrscheinlich und passt zur dritten
olynthischen Rede des Demosthenes.

fang des Jahres 348 abgerückt werden dürfen. Es ist evident dass Aeschines und der Verfasser der Rede gegen Neaera von denselben Ereignissen reden, die Demosthenes in der ersten Philippika als frisch in aller Gedächtniss befindlich berührt. Jene beiden verbinden sie mit dem olynthischen und euboeischen Krieg; der Einbruch Philipps in das Gebiet der Olynthier und seine Umtriebe in Euboea werden auch von Demosthenes erwähnt. Das passt Zug für Zug zu der oben vorgeschlagenen Datirung auf 349 und zwar auf das Frühjahr, denn es ist mindestens unwahrscheinlich dass der olynthische Krieg schon im Herbst 350 begann.

Aus der richtigen Datirung der Rede ergeben sich eine Reihe wichtiger Consequenzen. Zunächst zwingt sie dazu die Belagerung des heraeischen Forts durch Philipp in den Maimakterion 351, nicht 352, die Entsendung Charidems in den Boedromion 350, nicht 351, zu setzen. Denn sonst entsteht zwischen dem Ende des thrakischen und dem Anfang des olynthischen Kriegs eine Lücke von nahezu zwei Jahren, was mit der Darstellung des Demosthenes in der ersten olynthischen Rede übel harmonirt. Dies wird wiederum wichtig für die, übrigens sehr schwierige, Datirung der Aristokratea, auf die ich hier nicht eingehen kann.

Sodann eröffnet sich wenigstens eine Möglichkeit die Inschrift CIA II 108 einigermassen zu verwerthen. Nach Koehlers sachverständigem Urteil gehört sie in die 107. oder 108. Olympiade, in die Jahre 352—344. Damit stimmt überein dass in dem ersten, nur durch Pittakis überlieferten Decret mit ziemlicher Sicherheit aus *ΕΝΙ ΚΑΜΜΑΧΟΥ ΑΡΧΟΝΤΟΣ ἐπὶ Καλλιμάχου ἄρχοντος* [349/8] hergestellt ist. Das Decret enthält die Ertheilung des Bürgerrechts und die Verleihung eines goldenen Kranzes an den Satrapen Orontes, am Schluss finden sich Spuren von σύμβολα, von einer Regelung des Verkehrs zwischen Athenern und den Unterthanen des Satrapen. Bei der damaligen Stellung Athens zum Perserreich liegt die Annahme am nächsten dass Orontes, der 354 sicher aufständisch war [1]), entweder sich noch nicht unterworfen oder, was wahr-

---

1) Dem. 14, 31.

scheinlicher ist, sich von neuem erhoben hatte. Das zweite
Decret wird, nach Analogien zu urtheilen, einen früheren Beschluss enthalten, aus dem irgend ein Verdienst des Orontes
um Athen hervorging, um das erste, spätere zu motiviren. Hier
fehlt eine sichere Zeitbestimmung, doch kann es nicht viele
Jahre zurückliegen, da Charidem neben Chares und Phokion
als Befehlshaber, vielleicht sogar als Stratege eines attischen
Heeres genannt wird und dies nicht vor 353/2 gewesen sein
kann. Unsicherer ist eine andere Combination, die Dittenberger[1])
vorgeschlagen hat, die mit dem Krieg zwischen Phokion und
dem General des Grosskönigs Athenodor um Atarneus[2]). Ist
sie richtig — und dass sie zu den aus der Inschrift zu er-
rathenden Verhältnissen passt, ist unleugbar —, so führt sie
noch weiter hinunter, denn Athenodor wird vor dem Sturz
des Ketriporis nicht in persische Dienste getreten sein, also
nicht vor 351. In dem Decret selbst kommen Gesandte vor,
die Getreide für attische Rechnung, wenn ich nicht irre, von
Orontes kaufen sollen, ferner Massregeln um den Truppen,
zweifellos ebenfalls den attischen, den Sold zu schaffen. Daraus
lässt sich die Situation erschliessen, dass von Athen zu anderen
Zwecken angeworbene Söldner für Orontes fochten um zu ihrer
Löhnung zu kommen und der Hellespont den Getreideschiffen
aus dem Pontus gesperrt war, dass umgekehrt Orontes für
die attischen Interessen in Bewegung gesetzt wurde[3]). Diese
Situation würde sich in das Frühjahr 349 — auf das Frühjahr weist das Vorkommen des Thargelion — gut einfügen:
Philipp und die Byzantier beherrschten die Propontis, Charidem
stand seit dem Boedromion 350 in der dortigen Gegend und
hatte bezeugter Massen seine Truppen erst anwerben müssen
und Chares weilte ebenfalls am Hellespont, nicht nur als das
Bündniss zwischen Athen und Olynth abgeschlossen war,

---

1) Satura phil. H. Sauppio oblata p. 55.

2) Polyaen. 5, 21. Nach einer kürzlich vorgetragenen Combination
zu urtheilen, erscheint es nicht überflüssig die alten Historiker daran zu
erinnern dass βασιλεύς ohne Artikel und weiteren Zusatz den Perserkönig
bezeichnet.

3) Vgl. die Worte der 1. Philippika [4, 43] τριήρεις κενὰς καὶ τὰς
παρὰ τοῦ δεῖνος ἐλπίδας ἂν ἀποστείλητε, πάντ' ἔχειν οἴεσθε καλῶς;

sondern schon früher, zur Zeit der makedonischen Raubzüge,
wie sich gleich herausstellen wird. Zugleich würden sich
durch diese Zusammenhänge die damals in Athen umlaufen-
den Gerüchte von Verhandlungen Philipps mit dem Grosskönig erklären[1]). Freilich muss sehr bald nachher die ganze
Situation sich geändert haben, da Phokion als persischer
General gegen das aufständische Cypern auftritt[2]), ein Feldzug
der Ende 349 beendet gewesen sein muss, denn am Anfang
des folgenden Jahres erhielt er das Commando im euboeischen
Feldzug. Die inschriftlich bezeugte Unterwerfung des Orontes
unter Ochos[3]) könnte also in diese Zeit gehören. Das sind
ja freilich Combinationen sehr problematischer Natur und ich
würde nicht wagen mit dem bei den modernen Historikern
der alten Geschichte beliebten Pseudopragmatismus eine ohne
Hemmung fliessende Erzählung und eine, womöglich bis auf
die Monate ausgerechnete Zeittafel darauf aufzubauen, aber des
Vorschlags werth scheinen sie mir ebenso wie die bisher vorgetragenen, und vielleicht bieten sie einem glücklicheren
Rechner die Stütze um etwas ganz Sicheres zu finden.

Für die erste Philippika ist etwas anderes erheblich wichtiger. Aeschines schon erwähnte Schilderung der jämmer-
lichen und unglücklichen attischen Kriegführung ist im wesentlichen nichts anderes als ein, bei der Parteistellung des Aeschines
343/2 sehr naheliegender Angriff gegen den officiellen Helden
der Demokratie, gegen Chares. Der Angriff war verdient.
Während Chabrias und Timotheos beide feingebildete Männer,
der eine ein nobler, ritterlicher Soldat, der andere ein wirklicher Staatsmann waren, Iphikrates zwar viel von den bedenk-

---

1) 4, 48. Wann das durch [Dareios Brief [Arr. 2, 14, 2] bezeugte
Bündniss Philipps mit Ochos abgeschlossen ist, weiss ich nicht.

2) Diodor. 16, 42. 46. Der Höchstkommandirende der Perser war
Idrieus von Karien, der nach Diodors chronologischer Quelle [16, 45, 7;
die Worte βραχὺ πρὸ τούτων τῶν χρόνων dienen nur zur Einfügung in
die Erzählung, welche die Regierung des Idrieus schon voraussetzt] im
Jahr des Theellos, 351/0, Artemisia nachfolgte. Dass Diodor die Erzählung
des Krieges selbst auf die Jahre des Theellos und Apollodor [350/49] ver-
theilt, beweist nach keiner Seite hin etwas.

3) Jahrb. der preuss. Kunstsamml. 1888 p. 86.

lichen Seiten eines Condottiere hatte, aber von dem Schmutz des Marktes wenigstens im Grossen und Ganzen sich fernhielt, mischten sich in Chares der gemeine Landsknecht und der bösartige Demagoge[1]). Dass er sich in Lampsakos und Sigeion einen Sonderbesitz zusammeneroberte [2]), war eine Condottierensitte oder Unsitte, von der auch attische Generale sich nicht frei hielten, aber sein scrupelloses Rauben und Plündern bei den Bundesgenossen, seine Gewohnheit sich jedem, der genug bot, zu verkaufen ohne Rücksicht auf das Staatsinteresse, das er wiederholt auf das Frivolste schädigte, verrathen eine Söldnergesinnung für die ein Stratege des Demos der Athener sich bis dahin zu gut gehalten hatte. Dabei verstand er es sich bei dem attischen Demos, der mit seinen guten und schlechten Generalen so übel umsprang wie nur möglich, in stäter Gunst zu erhalten. Gewiss gelang ihm das nicht zum wenigsten durch die öffentlichen Spenden an das Volk und die geheimen an die Demagogen, aber die Bestechung allein machts nie. Chares, auch in seinem Äusseren der Typus eines vieux troupier, wusste der Masse mit wirklicher und zur Schau getragener Bravour zu imponiren ohne sie verächtlich zu behandeln, wie es vornehmeren Soldatennaturen immer eigen ist; er hielt in ihr den Glauben wach, er sei einer der ihren, weil er gemein genug war um ihr nicht unverständlich zu sein und in hohem Mass jene Plebejerschlauheit besass, welche die Stimmung der Masse ganz egoistisch, aber richtig bemisst. So war er das Schosskind der radicalen Actionspartei, die ihm die einträglichen Commandos verschaffte und durch ihn ihr eigenes Ansehen stärkte, umgekehrt aber der Gegenstand bitteren Hasses bei den Besitzenden: sie ergriffen mit Wonne jede Gelegenheit seine Heldenthaten aufs Schärfste zu geisseln. So war es 355/4 gegangen, als er sich von Artabazos anwerben liess statt gegen die Bundesgenossen zu kämpfen und die Ge-

---

1) Vgl. über ihn Isokrat. 8, 50. 134 [vgl. Aristot. rhet. Γ 17 p. 1418 a 32]. 12, 142. 15, 115 ff. Theopomp. $\overline{\mu\epsilon}$ frg. 238 [Athen. 12, 532 c]. Aristot. rhet. A 15 p. 1376 a 10. Polyb. 9, 23, 6. Plut. Pelop. 2. Phok. 5. 14. an seni ger. s. resp. 8 p. 788 d.

2) Theopomp. $\overline{\iota\gamma}$ frg. 117 [Athen. 12, 532 b = Nep. Chabr. 3, 4]. Dem. 2, 28. Schol. Dem. p. 134, 20 ff.

fahr eines persischen Krieges heraufbeschwor, so gieng es 350/49 wieder. Er muss, da die jammervoll ausgerüstete Expedition die im Boedromion 350 unter Charidem abgieng, nicht ausreichte, mit einem Geschwader nachgeschickt sein, um die Chersones zu decken. Als nun die makedonische Flotte im Herbst 350 oder im Anfang des Frühjahrs 349[1]) die attischen Besitzungen bedrohte, war Chares auf irgend einem Raubzug unterwegs; man war so erbittert gegen ihn dass die Radicalen selbst ihn zunächst fallen liessen und sein eigener Freund Kephisophon den Antrag stellte ihn auf seinen Posten zurückzuholen. Die Redeschlachten in der Ekklesie, welche die erste Philippika im Anfang streift, drehten sich also nicht nur um sachliche Fragen, sondern ebenso sehr, wenn nicht noch mehr, um die Person des Chares. Dieses Schlaglicht lasse man einmal auf die demosthenische Rede fallen und es werden merkwürdige Linien und Winkelzüge scharf in ihr hervortreten.

Ich sagte nach dem hergebrachten Sprachgebrauch, die demosthenische Rede, und man mag das Wort um des Griechischen willen auch beibehalten, da der attische Schriftsteller auch die 'Lesereden' fürs laute, nicht für das stille Lesen schreibt. Aber vor dem Irrthum kann nicht eindringlich genug gewarnt werden, als läsen wir in den erhaltenen demosthenischen Reden im Wesentlichen, von Kleinigkeiten abgesehen, die getreue Aufzeichnung dessen was er in der wirklichen Debatte gesagt hat. Aeschines Reden über die Gesandtschaft und gegen Ktesiphon lehren, mit den entsprechenden des Demosthenes verglichen, deutlich das Gegentheil, und hier handelt es sich um Processreden, die einmal und in einem Zug vorgetragen wurden, nicht um Debatten der Volksversammlung, bei denen es viel lebhafter und wechselvoller zugegangen sein muss. Die bei Plutarch erhaltenen, sehr guten Nachrichten über Demosthenes Art zu reden, die im Wesentlichen auf die durch Theophrast und den Phalereer Demetrios aufgezeichnete mündliche Tradition der Zeitgenossen zurück-

---

1) Plinius bekannte Notiz 2, 97 über das Himmelszeichen im 3. Jahr der 107. Olympiade, eben 350/49, *cum rex Philippus Graeciam quateret*, klärt sich nun vollständig auf.

gehn[1]), schildern ein starkes Chargiren in Inhalt und Form,
eine erhebliche Verschwendung drastischer Mittel, welcher der
Volksredner immer anheimfällt[2]); ein grosser Theil der Wirkung
wurde nach diesen Berichten von Demosthenes nicht durch
den Gedanken, nicht durch ausgefeilte schöne Worte, sondern
durch den viel intensiveren Reiz des Vortrags und der Gesten
erzielt[3]), und ich persönlich neige zu der Meinung dass die
herbe und scharfe Verurteilung, welche Aristoteles der modernen
Manier dem momentanen Vortrag das meiste zu überlassen
angedeihen lässt[4]), in erster Linie auf Demosthenes zielt. Jene
Berichte passen auf die erhaltenen Reden wie die Faust aufs
Auge, und der Schluss ist unausweichlich dass Demosthenes
ganz anders geschrieben als gesprochen hat, wie es sich für
einen Mann von Stilgefühl eigentlich auch von selbst versteht.
Dem von glühendem Ehrgeiz verzehrten Advokaten, der die
Künste der parlamentarischen Taktik, der inneren Parteipolitik
mit einer gerade bei einem grossen Redner seltenen Meister-
schaft handhabe, genügte für seine Zwecke das gesprochene,
schnell verhallende Wort nicht, und in schwierigen Fragen,
wo die allgemeine Stimmung seine Pläne zu hemmen drohte,
griff er zum geschriebenen, das bei der weiten Verbreitung
der Bildung im damaligen Athen viel sicherer, wenn auch
langsamer auf die öffentliche Meinung zu wirken versprach.
Wenn er aber von den Gedanken, die er in der Debatte ver-
fochten hatte, die auf welche ihm im Augenblick am meisten
ankam, heraussuchte uud zu einer 'actuellen' Brochüre zu-
sammenstellte, so hätte er sich der besten Wirkung selbst be-
raubt, wenn er den Strom der Rede, den er unter dem Druck
des Augenblicks über die Massen hatte dahinbrausen lassen,
auf Flaschen gezogen und, schal und abgestanden wie er war,
dem Leser vorgesetzt hätte, den kein Vortrag blendet, keine
um ihn herumstehende, in fieberhafter Spannung lauschende
Masse mit fortreisst, der die Worte nicht aufsaugt, wie der

---

1) Vgl. Plut. Dem. 9. 23.

2) Aristot. rhet. Γ 12 p. 1414 a 8 ff.

3) Plut. Dem. 8. 11 [ein besonders wichtiges, an vortrefflichen Zeug-
nissen reiches Capitel.]

4) rhet. Γ 1 p. 1403 b 20 ff.

Hörer, sondern sie zerlegt und betrachtet. Jeder Leser verlangt dass der Schriftsteller einen Theil der geistigen Arbeit
ihm überlässt, und wird ärgerlich, wenn er merkt dass er ge-
blendet und nicht belehrt wird: aber ganz besonders hohe
Ansprüche stellte das attische Publicum, das durch die hoch-
gesteigerte eristische und rhetorische Technik daran gewöhnt
war sich in verwickelten dialektischen Labyrinthen zurecht-
zufinden und raffinirte Finessen der Überredungskunst vorgesetzt haben wollte. So wahrte Demosthenes beim Schreiben
sorgfältig die Fiction, als stelle er objectiv und ruhig die Sache
dar, ohne vorgefasste Meinung, und deutete in einem, manch-
mal geradezu auf Schrauben wandelnden Stil, die Gedanken
oft nur an um sie mit desto grösserer Kraft in der Seele des
Lesers neu entstehen zu lassen. Das agitatorische Pathos, das
er in die scheinbar objective Dialektik hineinmischte, wirkte,
weil es versteckt wurde, nur um so stärker. Seine grösste
Kunst aber lag darin aus den vielen Gedanken die in der
Debatte vorgekommen waren, eine Einheit zu gestalten und
durch mannigfaltige Windungen und Gänge den Leser immer
wieder in die Auffassung der Situation hineinzudrängen, die
er erzielen wollte[1]). In der Form schonte er vorsichtig das
precieuse attische Ohr, das nur abgedämpfte Metaphern ver-
trug und gegen die Vermischung des Poetischen und Prosaischen
sehr empfindlich war; dass er die Kunstmittel des rhetorischen
Stils anwandte und ausbaute, versteht sich von selbst.

Mit diesen allgemeinen Erwägungen stimmt die Beobachtung überein, dass die demosthenischen Staatsreden weder
von einem bestimmten Antrag, den sie befürworten oder ver-
werfen, ausgehen noch in einen solchen auslaufen. Wären sie
getreue Wiedergaben der Debatten, so hätte das nicht aus-

---

1) Durch einen glücklichen Zufall ist es noch möglich gerade diese
Seite der Demosthenischen Kunst besonders eingehend zu würdigen. Denn
die s. g. Rede περὶ συντάξεως ist nichts anderes als eine andere Brochure
über dieselben Verhandlungen welche die zweite und dritte olynthische
Rede veranlasst haben, und ebenso verhält sich die dritte und vierte
philippische Rede zur Chersonesitenrede. Die Vergleichung ist ausser-
ordentlich belehrend, vor allem für die Sorgfalt mit der Demosthenes
die Einheit der politischen Auffassung und Stimmung zu erreichen suchte.

bleiben können. Aber ein politischer Schriftsteller würde sich
der Stillosigkeit schuldig machen, wenn er seine Gedanken in
die steife, schwerfällige Form von 'Motiven' einschnüren wollte,
er würde sich ferner der Möglichkeit begeben einen grösseren
Kreis von Absichten und Zwecken zu vereinigen, ganz abgesehen davon dass es politisch meist sehr unratsam ist sich
zu früh auf scharf formulirte Vorschläge festzulegen. Die
Publicistik will den Boden bereiten, Stimmung machen, im
Alterthum so gut wie heutzutage[1]); das schliesst natürlich
nicht aus dass ein bedeutender Redner sich veranlasst sehen
kann, das was er mündlich gesagt hat oder gesagt haben
möchte, der Mit- und Nachwelt zu längerem Gedächtniss zu
überliefern. Bei der dürftigen historischen Überlieferung ist es
nicht möglich die demosthenischen Reden sicher nach den
beiden Hauptgattungen die für antike Redner in Frage kommen, zu classificiren. Aber sie unterscheiden sich stark von
den Reden die ganz so aussehen als wären sie im Wesentlichen so gehalten, wie sie niedergeschrieben sind, der Friedens-
rede des Andokides und der des Hegesipp über Halonnes, und
stehen der isokratischen Publicistik erheblich näher, so dass es,
wenigstens im Grossen und Ganzen, gerathen ist sie für selb-
ständige, von der factischen Debatte abgelöste Kunstwerke zu
halten. Für die historische Behandlung mag es unbequem
sein dass die Antwort auf die nothwendige und unbegreiflicher
Weise nie scharf gestellte Vorfrage so und nicht anders aus-
gefallen ist; die Enttäuschung wird reichlich dadurch aufge-
wogen dass sie die Gefahr nicht mehr zu wissendes mit Trug-
schlüssen aus dem Text der Reden herauspressen zu wollen
mindestens verringert und andererseits ein freieres Lesen zwischen

---

1) Isokrates gesteht bezeichnender Weise ein dass er mit dem Phi-
lippos Stimmung für den Frieden machen wollte und durch den unerwartet
schnellen Abschluss der Debatten und Verhandlungen überrascht wurde.
Jetzt zu schweigen und sein Concept zu vernichten, war dem eitlen
Mann unmöglich; er benutzte das was er hatte, zur Einleitung und
schrieb eine neue Rede, die freilich an Actualität viel zu wünschen übrig
lässt und seine schwächste Leistung ist. Demosthenes hätte so etwas
nicht gethan; er war zuerst Politiker und dann Redner und Schriftsteller,
was seine Geschichtsschreiber zu übersehn pflegen.

den Zeilen verstattet, das gerade bei den Meistern der Publicistik am nöthigsten ist.

Demosthenes schlägt in der ersten Philippika eine doppelte
Rüstung zum Krieg gegen Philipp vor; doch wird die erstere
in einer Weise empfohlen, dass es ganz den Anschein hat, als
setze der Publicist in sie keine besondere Hoffnungen. Fünfzig
Trieren, dazu Transportschiffe sollen in Bereitschaft gestellt
werden, nicht wirklich abfahren, und die Athener sich so ein-
richten, dass sie im Nothfall mit einem Bürgeraufgebot bemannt werden können. Das einzelne wird ganz in der Schwebe
gelassen, die Hauptsache ist auch nicht so sehr dass der Beschluss ausgeführt wird, als die moralische Wirkung des Be-
schlusses an und für sich auf Philipp. Demosthenes hatte denselben Gedanken schon einmal, aber in ganz anderem Zusammenhange ausgeführt, in der s. g. Symmorienrede [1]), mit
der er seine politisch-publicistische Laufbahn begann. Damals
segelte er noch im Fahrwasser des Eubulos und der Besitzenden, weil diese durch den Frieden von 354 hochgekommen
waren und ein enger Anschluss an sie ihm die beste Bürg-
schaft für das erste Emporkommen bot, und übernahm die gefährliche, aber sein Talent reizende Aufgabe dem Drängen der
Radicalen zum Nationalkrieg gegen Persien entgegenzutreten.
Als kluger Advocat hütete er sich vor direkter Polemik gegen
das populäre Kriegsgeschrei und verlangte nur, man solle erst
einmal rüsten, legte auch einen sich sehr schön ausnehmenden
Plan zu Reformen der Marine vor, den die Athener vielleicht
nicht so ernsthaft genommen haben wie die gutmüthigen modernen Interpreten. Wirkliche Reformen, besonders militärische,
kosten viel Geld, das herzugeben die Besitzenden damals, nach
den schweren Opfern des Bundesgenossenkriegs, weniger geneigt
waren denn je. Demosthenes umgeht diesen heiklen Punkt in
sehr origineller Weise [2]) und versichert dass der blosse Beschluss

---

1) 14, 28 ff. 38.

2) 14, 28 δεῖ τοίνυν ὑμᾶς τὰ μὲν ἄλλα παρασκευάσασθαι, τὰ δὲ χρή-
ματα νῦν μὲν ἐᾶν τοὺς κεκτημένους ἔχειν· οὐδαμοῦ γὰρ ἂν ἐν καλλίονι
σωιζοιτο τῆι πόλει· ἐὰν δέ ποθ' οὗτος ὁ καιρὸς ἔλθηι, τόθ' ἐχόντων
εἰσφερόντων αὐτῶν λαμβάνειν. Die Stelle verräth, in wessen Interesse
Demosthenes spricht.

die Marine zu reformiren, eine grosse moralische Wirkung auf
den Grosskönig ausüben würde. Jetzt, nach sechs Jahren,
dachte er nun allerdings nicht mehr daran Kriege zu ver-
eiteln und militärische Neuorganisationen nur zum Schein vor-
zuschlagen, sondern bildete sich mehr und mehr zum Führer
der Actionspartei aus, hatte es auch schon an scharfen Angriffen gegen Eubulos und seine Partei nicht fehlen lassen. Es
müssen andere Gründe gewesen sein die ihm jenes merkwürdige
Manöver eingaben; er verräth sie auch selbst, in der dritten
olynthischen Rede [1]) und dem 21. Prooemion. Er fürchtete
dass im ersten Eifer und der Aufregung ein Beschluss zu Stande
käme, wie 350, nach Philipps Einbruch in Thrakien, oder vor
Kurzem bei den Raubzügen seiner Flotte, dass so und so viel
Trieren mit Bürgern bemannt und Kriegssteuern ausgeschrieben
werden sollten, die Ausführung ins Stocken geriethe und schliess-

---

1) 3, 4. 5. Weil ein Beispiel gegeben, nicht die gegenwärtige Situation
geschildert werden soll, ist die Zeitangabe so seltsam unbestimmt gehalten,
denn es ist geschmacklos und altfränkisch ein Beispiel genau zu datiren.
Das 21. Prooemion steht der ersten Philippika sehr nahe und könnte für
sie geschrieben sein. Die Leute welche niemand zu Worte kommen
lassen, sind οἱ ʽταχύʼ καὶ ʽτήμερονʼ εἰπόντες 4, 14, am Schluss steht ja
der Paragraph selbst in gleicher Fassung. Zu ἀεὶ ταὐτὰ πυνθάνεσθαι
καὶ σκοπεῖν ὅ τι χρὴ ποιῆσαι vgl. 4, 10 ff., 40 ff.; die Worte εἰ μὴ καὶ
τροφὴν ἱκανὴν πορίειτε καὶ στρατηγόν τινα τοῦ πολέμου νοῦν ἔχοντα
προστήσεσθε καὶ μένειν ἐπὶ τῶν οὕτω δοξάντων ἐθελήσετε klingen nah
an 4, 33 an; auch das Verklagen des Strategen wird an beiden Stellen
berührt, vgl. 47 ff. Die Wendung ἵν' οὖν μὴ, τὸ ῥᾷστον ἁπάντων, ἐπι-
τιμήσω μόνον kehrt freilich 1. 16 wieder: aber sie ist sehr allgemein,
und dann stehen überhaupt die erste Philippika und die erste olynthische
Rede einander sehr nahe. Im ersten Prooemion decken sich zwar Anfang
und Schluss mit 4, 1. 38; aber in dem Satz ἔπειτα νομιστέον — ταῦτα
λέγῃ ist die Ähnlichkeit mit 3, 3. 22 unverkennbar, doch kann auch
4, 42 verglichen werden und der Passus πρῶτον μὲν οὖν ὑμᾶς ἐκεῖνο —
βελτίω ποιῆσαι ist eine andere Fassung des 4, 2 ausgedrückten Gedankens.
Liegen hier Entwürfe des Demosthenes vor? Ich wage noch nichts Be-
stimmtes zu sagen; die, jetzt verfahrene, Frage ist nur mit sorgfältigsten
Einzeluntersuchungen und im Zusammenhange zu lösen oder der Lösung
näher zu führen; denn eine alle Bedenken beseitigende Lösung wird
schwer zu finden sein.

lich auf irgend eine bessere Nachricht hin ganz unterbliebe. Bei der aufgeregten öffentlichen Meinung war es nicht rathsam einen solchen Antrag gar nicht zu stellen, sondern das beste Mittel die Friedenspartei, welche derartige hitzige Anträge mindestens nicht ungern sah und es verstand sie auf den Sand zu lenken, niederzumanövriren bestand in dem von Demosthenes eingeschlagenen Verfahren den Antrag zwar zu stellen, aber ihn von vornherein dilatorisch zu behandeln; dann blieb der Weg für energische Massregeln frei. Die erscheinen dann bei Demosthenes auch sofort hinterher, und er versäumt nicht hinzuzufügen dass sie vorher in die Hand genommen werden müssten. Eine stehende Truppe soll ausgerüstet werden um 10 Schnellsegler zu bemannen und Philipp während der günstigen Jahreszeit im eigenen Lande anzugreifen, im Winter bei Lemnos und den benachbarten Inseln, in der Nähe sowohl Makedoniens als der Chersones zu stationiren. Nun waren in damaligen Zeiten für eine stehende Truppe Söldner unerlässlich, die Athener auch ganz daran gewöhnt Soldtruppen anwerben zu lassen; trotzdem bezeichnet Demosthenes seinen Vorschlag als einen ganz neuen, der sich nicht ohne weiteres ins Werk setzen liesse, so dass die welche es mit der Bekämpfung Philipps sehr eilig hätten, auf den Gedanken kommen könnten, er wolle nur temporisiren [1]), ein Gedanke der bei ihm nicht ganz fern lag, wie wir gesehen haben. Das neue war dass er einen Finanzplan vorlegte, der es ermöglichen sollte wenigstens die Zehrgelder der Truppen aus' der Staatskasse zu bestreiten, und dass er verlangte den Söldnern ein sich regelmässig ablösendes Bürgercontingent beizugeben. Demosthenes wollte auf diese Weise seinen Antrag eine stehende Truppe zu unterhalten, acceptabel machen. Die zuerst in Folge der nie ordentlich geregelten ‚Beiträge‘ der Bundesgenossen aufgekommene Unsitte die Strategen auf die von ihnen einzutreibenden Summen anzuweisen und ihnen wenig oder gar nichts direct auszuzahlen verführte den Demos dazu in der ersten Hitze eine bedeutende Truppenmasse ‚auf dem Papier‘ zu decretiren, das Zusammen-

---

1) 14.

bringen und Unterhalten dann aber den Feldherrn zu überlassen. So war es 350 mit Charidem gegangen und sonst
noch oft genug vorgekommen, und der üble Erfolg nicht aus-
geblieben. Nicht alle wussten es so geschickt, politisch und
patriotisch zu machen wie Timotheos, und insonderheit Chares
schaffte das Geld für seine Truppe und für sich gerne dadurch
dass er die wehrlosen kleinen Inseln ausraubte, jedes Schiff
das ihm in den Weg kam, kaperte und sich an aufständische
Satrapen verdang. Nachher kamen dann die Recriminationen
der Geschädigten und dem Strategen drohten Anklagen. Es
ist schon oben nachgewiesen dass Chares gerade zur Zeit der
ersten Philippika schwer compromittirt war, und die Rede ist
zum guten Theil ein äusserst geschickter Versuch ihn zu retten.
Der schlaue, geübte Advokat berührt das ärgste gar nicht,
übergeht die Seeräubereien, von denen Aeschines erzählt, mit
Stillschweigen, erwähnt die Raubzüge der makedonischen Flotte
zwar als eine böse Schmach, aber nicht den Beschluss des
Volkes seinen eigenen Admiral suchen zu lassen und hält sich
an die älteren Nummern des langen Sündenregisters das die
Redner der Friedenspartei bei dieser Gelegenheit dem Condottiere
öffentlich vorhielten, an den unseligen Feldzug für Artabazos
355/4 [1]). Dem Demos wird in keiner Weise das Recht streitig
gemacht über den Strategen zu Gericht zu sitzen [2]), die fremden
Offiziere, auf deren Concurrenz Chares sehr schlecht zu sprechen
war, nur vorsichtig gestreift [3]), Charidem, der gefährlichste
Rival des demokratischen Generals, wird gar nicht genannt.

---

1) 24. Auch die ἄθλιοι ἀπόμισθοι ξένοι [46] gehn darauf, vgl. Schol.
Dem. p. 153, 20 ff. Isokrat. 8, 42. 44. Dem. 4, 24. Diodor. 16, 22, 1.
In der ersten olynthischen Rede lässt er die makedonischen Kaperzüge
ganz weg [1, 14], sicher mit der Absicht Chares nicht zu schaden.

2) 33.

3) 26. 27. 3, 36 steht dieselbe Wendung wie hier von Menelaos, von
Charidem. Vgl. auch 1, 19 κἂν ὑμεῖς ἕνα κἂν πλείους κἂν τὸν δεῖνα
κἂν ὁντινοῦν χειροτονήσητε στρατηγόν. Bei den Condottieri ist das
Talent und der Wille die Truppen auch in schwierigeren Verhältnissen
zusammenzuhalten natürlich sehr verschieden, und an Vergleichen zwischen
Chares und seinen Rivalen gerade nach dieser Seite hin wird es nicht
gefehlt haben.

Die Hauptschuld wird der Organisation zugeschrieben[1]). „Gebt dem Strategen Geld, wenigstens zum Unterhalt der Truppen, dann wirds schon gehen und er nur in Feindesland rauben[2]). Geht selbst mit, damit ihr ein Urtheil bekommt und er nicht völlig von den unzuverlässigen Miethlingen abhängig ist. Lasst ihn aber frei wirthschaften und engt ihn nicht durch Instructionen ein'. Chares hatte allen Grund dem Publicisten, der ihm keinen eigenen Abschnitt der Rede widmete und doch immer wieder auf ihn zurückkam, für die geschickte Führung seiner Sache dankbar zu sein.

Demosthenes unterstützte den einflussreichen General aus Parteirücksichten und um ihn und seine Popularität als Hebel für seine politische Laufbahn zu benutzen: die Friedenspartei sollte um keinen Preis mit ihren Angriffen durchdringen. Er war aber ein viel zu guter Politiker um sich auf einen Zweck und eine Persönlichkeit festzulegen; seine Pläne gingen weiter. In einem Handels- und Industriestaat, wie es Athen war, steht im Mittelpunkt der Politik das Finanzwesen. Das Übergewicht des Leiters der Finanzen, das sich schon zu Perikles Zeit geltend machte, stieg im 4. Jahrhundert noch erheblich: die Führer des Staats, Agyrrhios, Kallistratos, Eubulos, später Lykurgos sind in erster Linie finanzielle Talente, und der erbitterte Kampf des Demosthenes gegen Eubulos dreht sich darum diesem die Verfügung über die Überschüsse, die Vertheilung der Ausgaben zu entreissen. Unter diesem Gesichtspunkt betrachtet erhält die blosse Thatsache dass Demosthenes einen Plan vorlegte um 92 Talente jährlich flüssig zu machen, eine starke innerpolitische Bedeutung; leider ist bei dem Verlust des Planes über diese allgemeine Beobachtung nicht hinauszukommen. Die Verwaltung der Finanzen war das stille, continuirlich wirkende Mittel den Demos zu leiten, die lauten Kämpfe spielten sich — von den Staatsprocessen abgesehen — ab bei den Berathungen über auswärtige Politik, welche die attische Demokratie so gut

---

1) 24 ff. 33. 45 ff.

2) Dazu vgl., was Aeschines von Chares berichtet [2, 72]: κατῆγον τὰ πλοῖα καὶ τοὺς Ἕλληνας ἐκ τῆς κοινῆς θαλάττης, ἀντὶ δ᾽ ἀξιώματος καὶ τῆς τῶν Ἑλλήνων ἡγεμονίας ἡ πόλις ἡμῶν τῆς Μυοννήσου καὶ τῆς τῶν λῃστῶν δόξης ἀνεπίμπλατο.

wie jede Demokratie zur Parteisache machte und sich damit ihr eigenes Grab grub. Wie sich diese Kämpfe im einzelnen ausgestaltet, wie persönlicher Ehrgeiz, politischer Klatsch, kluges Manövriren, principielle Gegensätze in buntem Durcheinander sie bestimmt haben, das ahnen wir kaum noch und müssen uns mit den Spuren der grossen Linien begnügen, die im Wesentlichen sich gleichbleibend, sich durch die attische Politik des 4. Jahrhunderts hindurchziehen. So thöricht es wäre zu verkennen dass wirtschaftliche Gründe sehr wesentlich mitwirkten um die Besitzenden einer Politik zuzutreiben, die in Anlehnung an eine kriegerische, gefürchtete Grossmacht den Frieden um jeden Preis geniessen und ausbeuten wollte und umgekehrt in dem Demos den Wunsch nach auswärtigen Besitzungen, nach Kleruchien und Unterthanen wach zu erhalten so wenig kann ich einer jetzt sehr beliebten, alles individuelle negirenden, den Menschen und den Völkern Herz und Seele ausblasenden Geschichtschreibung es zugeben dass die materiellen Verhältnisse allein den Schlüssel hergeben zum Verständniss historischen Werdens und Vergehens: denn Imponderabilien hat es gegeben und wird es geben, so lange der Mensch fühlt und will und das einzelne Ich etwas anderes ist als der Posten einer statistischen Summe. Das Volk hielt in der That die Traditionen der alten grossen Zeit höher als die Intelligenz, die schon im 5. Jahrhundert der energischen Reichspolitik Opposition machte. Dem Volk macht es Ehre dass es aufflammte, wenn die Thaten der Väter ihm vorgehalten wurden; es war nur sein Unglück, dass es selbst entscheiden musste und nicht entscheiden konnte — wie es die Masse nie kann — wie weit Zwecke der Partei und des Egoismus sich hinter den patriotischen Worten versteckten, es war sein Unglück dass die Staatsmänner es nicht erziehen konnten, sondern es aufrühren mussten um nicht selbst zu fallen. Keine Geschichte predigt so eindringlich die Lehre dass eine fortgeschrittene, radicale Demokratie zur Leitung und Erhaltung einer Grossmacht unfähig ist, wie die attische des vierten Jahrhunderts.

Den Frieden mit den Bundesgenossen, die Freundschaft mit Kersobleptes hatte die Partei des Besitzes den Radicalen abgerungen, den Krieg gegen Persien zweimal verhütet. Nur

der Krieg mit Philipp wollte nicht zu Ende kommen, und
nachdem er einzuschlafen drohte, liess der Fall des Kersobleptes,
das kühne Auftreten Philipps im aegaeischen Meer ihn wieder
in hellen Flammen auflodern. Selbst jetzt trat wieder Ruhe
an Stelle der augenblicklichen fieberhaften Spannung, bis im
Frühjahr 349 Philipp Olynth angriff. Selten ist eine Bürger-
schaft so muthwillig in ihr eigenes Verderben gerannt wie die
olynthische. Auch ohne die sehr schwachen Spuren in der
Überlieferung[1]) müsste man annehmen dass in Olynth, einer
griechischen Freistadt des 4. Jahrhunderts, Parteikämpfe tobten
und dass die makedonisch gesinnte Regierungspartei eine
attisch gesinnte, radicale Opposition mit Naturnothwendigkeit
voraussetzt. Schon zur Zeit der Aristokratea, nach dem Siege
Philipps über Onomarch und vor seinem thrakischen Feldzug
machte Olynth seinen Frieden mit Athen und zeigte nicht übel
Lust zu einem Bündniss[2]), das nur gegen Philipp gerichtet
sein konnte. Daraus wurde zunächst nichts, aber die Olynthier
begingen die unverzeihliche Thorheit einen makedonischen
Praetendenten, einen Halbbruder Philipps bei sich aufzu-
nehmen[3]) und so Philipp selbst die beste Handhabe zum Krieg
in die Hand zu geben. Philipp rückte in das chalkidische
Gebiet ein, hielt sich aber noch sehr zurück, in der Hoffnung
dass er durch eine militärische Demonstration die ihm ergebene
Partei wieder zur Herrschaft bringen könnte[4]), und diese
Hoffnung muss sehr berechtigt gewesen sein, da man in Athen
noch nach dem im Sommer 349 erfolgten Abschluss des Bündnisses eine Aussöhnung zwischen Philipp und Olynth be-
fürchtete[5]).

Diese Gelegenheit ergriff Demosthenes um das Eisen zu
schmieden. Er hatte schon seit geraumer Zeit die Friedenspartei, unter deren Aegide er hochgekommen war, verlassen,

---

1) Dem. 9, 56. 66.
2) Dem. 23, 109.
3) Schol. Dem. p. 43, 7. Iustin. 8, 3, 10.
4) Dem. 8, 59. 9, 11.
5) Dem. 1, 3 ff. Vgl. 21 ἐπιὼν ἅπαντα τότ᾽ ἤλπιζε τὰ πράγματ᾽
ἀναιρήσεσθαι. Dass der Krieg zwischen Philipp und Olynth erst nach
Abschluss des Bündnisses ernsthaft wurde, verräth 3, 16.

da er in ihr neben Eubulos doch nur die zweite Rolle hätte
spielen können, und sich den Radicalen zugesellt[1]); so völlig
war der Fahnenwechsel dass er in der rhodischen Frage vor
der Aufgabe stand alles zu widerrufen, was er vor ein paar
Jahren gerathen hatte, eine Aufgabe die er mit glänzender
Kunst löste. Mit Chares muss er damals eng liirt gewesen
sein[2]). Er war zu gescheut um ein starrer Parteifanatiker zu
sein — solche Leute sind im damaligen Athen überhaupt
selten — und zu tief um dem gemeinen Streben des gewöhn-
lichen Demagogen zu fröhnen: seiner von dem kalten Feuer des
Politikers verzehrten Seele schwammen die Träume der eigenen
Herrschaft und der Macht des von ihm geleiteten Staats zusammen. Zunächst suchte er gierig nach jedem Mittel um
den Demos aus der Ruhe aufzurütteln, in welche die Friedenspartei ihn so geschickt einwiegte, um die Folgen um so
weniger verlegen als er selbst wusste dass seine Vorschläge
nicht durchdringen würden; er brauchte einstweilen nur den
Nimbus des kommenden Mannes, durch dessen patriotische
Wirksamkeit der Demos mehr Ruhm gewinnen würde als jetzt[3]).
Dass der Prediger des Krieges gegen Philipp die Zukunft für
sich hätte, wird er eingesehn haben nach Philipps thrakischem
Krieg und den Kaperzügen seiner Flotte, aber erst als Philipp
mit Olynth in Conflict gerieth und sich Athen die Aussicht
auf eine Allianz bot — das Suchen nach Bündnissen ist ja der
Grundzug der späteren demosthenischen Politik —, wurde ihm
klar dass es jetzt möglich und notwendig sei Athen kräftig in
den Krieg hineinzutreiben und so der Friedenspartei das Heft

---

1) Hypereides hat ebenfalls seine Laufbahn mit der Abfassung von
Klagreden gegen die radicalen Notabilitäten Aristophon [vgl. SIG 79 und
Schol. Aeschin. 1, 64] und Autokles begonnen; später machte es dem
geistreichen, verschwenderisch begabten, aber blasirten Weltmann Spass
die Rolle des tollen Tribunen zu spielen, eine Rolle die Geist, aber keinen
Charakter verlangte. Die Politik war Hypereides schwerlich mehr als
eine Würze des Lebensgenusses, dem ausschliesslich sich hinzugeben er
zu gescheut war.

2) Plut. comp. Dem. et Cicer. 3 de frat. amor. 15 p. 486 d.

3) Vgl. in der ersten Philippika die letzten Worte des Prooemions
und den Schluss der ganzen Rede, auch § 15. Ähnlich 1, 16. 3, 32.

aus den Händen zu reissen. Das stehende Corps sollte an die Küsten Makedoniens geworfen werden um den Olynthiern zu zeigen dass Athen gewillt war den Krieg mit Philipp fortzusetzen, und den olynthischen Radicalen den nöthigen Rückhalt zu geben damit sie allen Aussöhnungsversuchen widerstanden. Demosthenes deutet diesen Zweck selbst an, aber sehr vorsichtig: man solle nur die Expedition abschicken und das weitere dem Feldherrn überlassen [1]) — Chares brachte auch die Coalition von 356 für Athen zu Stande —, der Krieg werde die Stelle schon zeigen, wo Philipp verwundbar sei [2]). Philipp gewinne seine grössten Erfolge durch die energische Entfaltung seiner Macht, da Macht immer Bundesgenossen anziehe, darum sollten die Athener nicht versäumen zu rechten Zeit am Platze zu sein [3]). Das geht im Wesentlichen auf Olynth [4]), doch wird sich Demosthenes schon damals mit den gleichen sanguinischen Hoffnungen auf den Abfall der Thessaler, auf eine Erhebung der Paeoner und Illyrier getragen haben, die er mit sehr ähnlichen Worten wie in der ersten Philippika in den olynthischen Reden ausspricht [5]). Aber mit Absicht vermeidet er es Namen zu nennen, ja er spielt seinen Vorschlag auf eine

---

1) 33.

2) 44.

3) 5. 6.

4) Zu 4, 5 φύσει ὑπάρχει τοῖς παροῦσι τὰ τῶν ἀπόντων καὶ τοῖς ἐθέλουσι πονεῖν καὶ κινδυνεύειν τὰ τῶν ἀμελούντων. καὶ γάρ τοι ταύτηι χρησάμενος τῆι γνώμηι πάντα κατέστραπται καὶ ἔχει, τὰ μὲν ὡς ἂν ἑλών τις ἔχοι πολέμωι, τὰ δὲ σύμμαχα καὶ φίλα ποιησάμενος. καὶ γὰρ συμμαχεῖν καὶ προσέχειν τὸν νοῦν τούτοις ἐθέλουσιν ἅπαντες οὓς ἂν ὁρῶσι παρεσκευασμένους καὶ πράττειν ἐθέλοντας ἃ χρή, in welchen Worten schon der Bau der Periode den Nachdruck auf das Gewinnen der Bündnisse legt, vgl. was 1, 3 von dem Verhältniss Philipps zu Olynth gesagt wird: ἔστι μάλιστα τοῦτο δέος μὴ πανοῦργος ὢν καὶ δεινὸς ἄνθρωπος πράγμασι χρῆσθαι, τὰ μὲν εἴκων ἡνίκ᾽ ἂν τύχηι, τὰ δ᾽ ἀπειλῶν (ἀξιόπιστος δ᾽ ἂν εἰκότως φαίνοιτο), τὰ δ᾽ ἡμᾶς διαβάλλων καὶ τὴν ἀπουσίαν τὴν ἡμετέραν, ⟨κατασ⟩τρέψηται καὶ παρασπάσηται τι τῶν πραγμάτων. Vgl. auch 4, 12 mit 1, 8. 9; ferner 1, 7 πάντες ἐθρύλουν τέως Ὀλυνθίους ἐκπολεμῶσαι δεῖν Φιλίππωι und 3, 7.

5) Vgl. 4, 8 mit 1, 22, das wahrscheinlich die dunkle Stelle erklärt, und die nahezu identischen Stellen 4, 4 und 1, 23.

Defensivmassregel hinaus [1]), die eine Wiederholung der Kaperzüge unmöglich machen würde, und lässt durchblicken dass
ohne Gegenwehr Philipp bald an der attischen Grenze stehn
würde [2]). So macht er den Demos ängstlich und reizt ihn
durch das Appelliren an seinen nationalen Stolz [3]), während er
zugleich den besorglichen Einwänden der Friedensfreunde dass
Philipps Macht zu gross sei, lockende Zukunftsbilder, glorreiche Erinnerungen, ja mit gewagtestem Übergang Philipps
eigenes Beispiel entgegenhält [4]). Wie er sich vor den tempo-
risirenden Manövern der Gegner, vor dem nur diesen nützen-
den Übereifer der eigenen Genossen, vor den gefährlichen Angriffen auf Chares zu sichern suchte, ist schon nachgewiesen;
mit meisterhafter Dialektik macht er die jüngste, Chares und
die Actionspartei so schwer compromittirende Vergangenheit
zum Grund für seine gegen die Friedensfreunde gemünzten
Vorschläge. Als guter Taktiker überspannt er nichts, streift
nur flüchtig eine Reform des Aushebungssystems [5]), verlangt
nur ein mässiges Bürgercontingent um die Mängel eines Söldner-
corps einigermassen zu corrigiren, macht seine finanziellen
Vorschläge im Rahmen der bestehenden Verwaltung und so
sparsam wie möglich und überlässt das weitere der Zukunft [6]):
es kam eben alles darauf an das stehende Corps und die Neu-
belebung des Kriegs überhaupt nur durchzusetzen.

Die Ereignisse liefen rascher als Demosthenes hoffen konnte:
seine Vorschläge wurden durch die olynthische Gesandtschaft
und den Abschluss des Bündnisses [7]) überholt. Jetzt wechselte

---

1) 34 ff.

2) 41 νῦν ἐπ᾽ αὐτὴν ἥκει τὴν ἀκμήν. 43 ὅτι οὐ στήσεται, δῆλον, εἰ μή
τις κωλύσει. 50 κἂν μὴ νῦν ἐθέλωμεν ἐκεῖ πολεμεῖν αὐτῶι, ἐνθάδ᾽ ἴσως
ἀναγκασθησόμεθα τοῦτο ποιεῖν. Zu den Drohungen Philipps die 4. 9. 37
erwähnt werden, vgl. 1, 26.

3) 9 ff. 42 ff.

4) 2 ff.

5) 21.

6) 20 τὰ μικρὰ ποιήσαντες καὶ πορίσαντες τούτοις προστίθετε, ἂν
ἐλάττω φαίνηται. 23 οὐκ ἔνι νῦν ἡμῖν πορίσασθαι δύναμιν τὴν ἐκείνωι
παραταξομένην, ἀλλὰ ληιστεύειν ἀνάγκη καὶ τούτωι τῶι τρόπωι τοῦ
πολέμου χρῆσθαι τὴν πρώτην.

7) Philochoros frg. 132 bei Dionys. 1 ep. ad Amm. 9 p. 734, 12 ff.

er seine Taktik. Zwar kommt noch in der ersten olynthischen Rede[1]) der alte Vorschlag einer doppelten Kriegsrüstung insofern wieder zum Vorschein, als er räth sowohl Makedonien zu verheeren als den Olynthiern Hülfe zu schicken. Auch hat Chares wirklich zuerst das Commando und ausser seiner Söldnertruppe ein kleines attisches Contingent erhalten und im Verlauf des Kriegs Charidemos Bottiaea verwüstet. Damit gab sich aber Demosthenes nicht mehr zufrieden, er concentrirte seine Agitation jetzt auf das Bürgerheer[2]), das er früher zurückgestellt hatte[3]). Das verlangt er immer wieder; schon in der ersten olynthischen Rede kommen Söldner gar nicht mehr vor, in der zweiten, welche wie die erste philippische, Chares verteidigt und gegen den Rivalen Charidem in Schutz nimmt[4]), gilt als Heilmittel aller Schäden: ‚zieht selbst zu Felde' und die dritte trübt den vorzeitigen Siegesjubel mit derselben Forderung. Demosthenes war muthiger geworden und nutzte den vollen Druck des Kriegs, der nicht mehr angefacht zu werden brauchte[5]), für die innere Politik aus. Sein Ziel, das er jetzt nicht mehr andeutete, sondern klar aussprach, war

---

1) 17 ff. 25.

2) 1, 6. 9 [ἐβοηθήσαμεν αὐτοί]. 2, 12. 13. 24. 27. 3, 20.

3) Vgl. mit den olynthischen Reden besonders 4, 32 δεῖ . . ταῦτ' ἐνθυμουμένους μὴ βοηθείαις πολεμεῖν, ὑστεριοῦμεν γὰρ ἀπάντων.

4) Das hat H Weil nachgewiesen. Auch hier [28] spricht Demosthenes kluger Weise nur von älteren Missethaten des Chares, auf die allerdings die Redner der Gegenpartei stets wieder zurückkamen [Aesch. 2, 71]. Es mag noch hervorgehoben werden dass zu dem Übergang auf diesen Gedanken [22 ff.] Demosthenes die schon 4, 2 ff. entwickelten Gedanken benützt hat.

5) 1, 6 οὐδὲ γὰρ λόγος οὐδὲ σκῆψις ἔθ' ὑμῖν τοῦ μὴ τὰ δέοντα ποιεῖν ἐθέλειν ὑπολείπεται. Hat man etwa Demosthenes hieraus einen Vorwurf gemacht? Die s. g. Rede Περὶ συντάξεως vermeidet jede directe Erwähnung Philipps und macht doch dieselben Vorschläge, wie die olynthischen, sonderlich die dritte, gehört auch fraglos in dieselbe Zeit, wie die Coincidenz von 13, 32 und 3, 20 beweist. 13, 9 verweist Demosthenes auf frühere Vorschläge; ebenso setzt die Frage 3, 34 die Sache als schon bekannt voraus und 35 stehen die Aoriste ἤγαγον und εἶπον: der Publicist citirt das was er in der Ekklesie gesagt hat. Es sieht ganz so aus als

die strikte Durchführung der allgemeinen Wehrpflicht [1]), deren
Wert für die Demokratie und die Grossmachtspolitik, durch
deren gloires er den Demos leiten wollte, er richtig erkannte.
Einem Volke gegenüber, das noch wehrhaft war oder es
wieder wurde, liess sich das den Rhedern und Fabrikanten so
bequeme System des Eubulos nicht halten [2]), welches das
niedere Volk durch materielle Fürsorge jeder Art in Zufrieden-
heit erhielt und damit den Staatsschatz und die Säckel der
Reichen vor den radicalen kriegslustigen Patrioten sicherte.
Die ganz in Verfall gerathene allgemeine Wehrpflicht liess sich
aber nicht durchsetzen, wenn nicht das Bewusstsein einer
dringenden nationalen Gefahr erweckt und wach gehalten
wurde, und dazu benutzte Demosthenes den olynthischen Krieg.
Er stellte mit Aufbietung seiner ganzen publicistischen Kunst
die Sache so dar, als würde Philipp nach Olynths Fall nichts
Eiligeres zu thun haben als in Attika einzubrechen [3]), in der
Hoffnung dass diese Sorge jedem die Waffen in die Hand
drücken würde. Dann konnte der Sturm auf die herrschende
Finanzverwaltung nicht ausbleiben: denn Söldnerheere liessen
sich auf Beute und Plünderung vertrösten und liefen schlimmsten-
falls auseinander, aber für den bewaffneten Demos musste das
Geld geschafft werden und konnte nur geschafft werden aus
der stets gefüllten Theorikenkasse. Mit dieser stand und fiel
Eubulos: auf dessen Sturz arbeiten die drei olynthischen und
die von ihnen unzertrennliche Rede *Περὶ συντάξεως* hin.

Mit der ersten Philippika erstieg Demosthenes die Höhe
seiner Laufbahn. Jeder Politiker wächst mit der Grösse des

---

hätte sich Demosthenes bewogen gefühlt die Theorikafrage einmal ganz
von dem Krieg mit Philipp loszulösen; in der Situation die durch Charidemos Siegesbulletins herbeigeführt war und wie sie in der dritten olynthischen Rede geschildert wird, ist das ganz begreiflich. Dass die Rede
unecht ist, hat niemand bewiesen und ist überhaupt nicht zu beweisen.

1) 1, 20 *μίαν σύνταξιν εἶναι τὴν αὐτὴν τοῦ τε λαμβάνειν καὶ τοῦ
ποιεῖν τὰ δέοντα.* 2, 31 *πάντας ἐξιέναι κατὰ μέρος ἕως ἂν ἅπαντες
στρατεύσησθε* [vgl. 4, 21]. 3, 11. 34.

2) 3, 30 *στρατεύεσθαι τολμῶν αὐτὸς ὁ δῆμος δεσπότης τῶν πολιτευο-
μένων ἦν καὶ κύριος αὐτὸς ἁπάντων τῶν ἀγαθῶν.*

3) 1, 12. 15. 25 ff. 28. 3, 8 ff.

Gegners, und erst als er Philipp sich zum Feinde gewählt hatte, entfalteten sich alle seine Talente, seine Kunst zu reden und zu schreiben, die Schlauheit im politischen Manoeuvriren, die sichere Beherrschung der hinter der grossen Bühne der Ekklesie spielenden Intriguen, die rastlose, zähe Energie im Verfolgen des Ziels, zu ihrer ganzen Blüthe und nicht nur diese Eigenschaften, auch sein Patriotismus, der grosse Zug in seiner Agitation, das mächtige Pathos das ihn über den Schlamm des politischen Macherthums hinaushebt, sind gereift, wenn nicht überhaupt gewachsen, erst im Kampfe mit Philipp. Aber weil er im Kampf gewachsen ist, weil er sich am Gegner emporrankt, fehlt dem Idealismus des Demosthenes das schaffende Leben, die Wärme der prophetischen Hoffnung, ohne die auch die feinste Staatskunst eine tönende Schelle ist. Die Frage: was willst du denn beginnen, wenn es keinen Philipp mehr gibt, welche Wege wirst du die Nation führen? hätte ihm weder im Anfang des Kampfes noch als er an der Spitze des Hellenenbundes stand, eine Antwort entlockt, weil er in dem macchiavellistischen Rechnen der unfruchtbaren Gleichgewichtspolitik, wie sie Antalkidas und Epaminondas, die typischen Politiker des sinkenden Griechenlands, virtuos ausgebildet hatten, befangen war. Das Bild der attischen Grösse, das er hervorzauberte um den Demos zu lenken, war ein Gespenst der Vergangenheit, und es ist eine eigene Sache um das Rufen von solchen Gespenstern, sie bekommen Gewalt über den der sie ruft, gerade über das Beste in ihm, über das was nicht gemein ist, und treiben ihn unerbittlich in sein Verhängniss. Menschliches Mitgefühl soll ihm gegeben werden — was wäre die Geschichte ohne das Tragische? - , aber eitler Menschenwitz ist es mit vorlautem Preisen und Schelten hineinzureden in den stillen Tritt der Dike, die ewig waltend durch den Wechsel der Menschen und Völker dahinschreitet.